一本讀通

佛學

與

心理學

本書簡體字版為《悉達多的心理學——對現代心理學說「不夠」》

人類思想的兩種偉大智慧

金木水 ———— 著

一本讀通
佛學
與
心理學

第二部分　悉達多的心理學

——為什麼拋開神祕，佛學仍有其理性價值？

第三部分　連接生命的心理學

——為什麼佛學能解決現代心理學解決不了的問題？

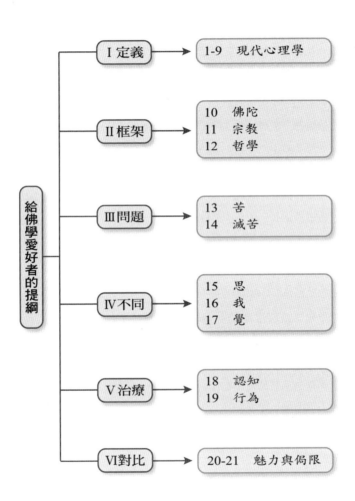

給佛學愛好者的提綱

Ⅰ 定義 → 1-9　現代心理學

Ⅱ框架 → 10　佛陀
11　宗教
12　哲學

Ⅲ問題 → 13　苦
14　滅苦

Ⅳ不同 → 15　思
16　我
17　覺

Ⅴ治療 → 18　認知
19　行為

Ⅵ對比 → 20-21　魅力與侷限

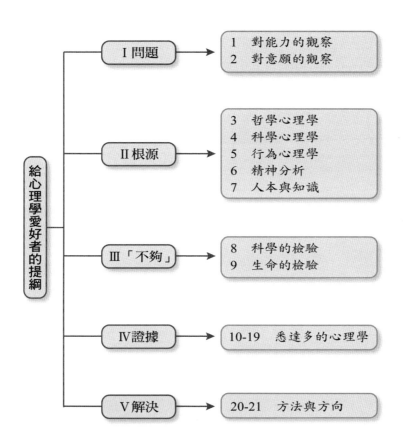

給心理學愛好者的提綱

I 問題　　　　　1　對能力的觀察
　　　　　　　　　2　對意願的觀察

II 根源　　　　　3　哲學心理學
　　　　　　　　　4　科學心理學
　　　　　　　　　5　行為心理學
　　　　　　　　　6　精神分析
　　　　　　　　　7　人本與知識

III「不夠」　　　8　科學的檢驗
　　　　　　　　　9　生命的檢驗

IV 證據　　　　　10-19　悉達多的心理學

V 解決　　　　　20-21　方法與方向

兩種智慧

你拿起了一本書，卻翻開了兩本書。

本書簡體字版原名為《悉達多的心理學》。關於佛陀的本名「悉達多」，我想說明的是：雖說用「佛陀」更尊重，但那樣本書似乎變成了宗教書。別誤解，本人既堅決支持宗教，也堅決支持理性。做為折中，當涉及個人時，我多用「悉達多」，而當涉及佛教時，我多用「佛陀」。為的是表明本書的主角是現身於世的人，而非升天之後的神。

關於另一個關鍵字「心理學」，我想說明的是：「不夠」不表示不敬。因為不夠有兩種：「很好而不夠」或「不好而不夠」。本書指的是前一種，即現代心理學很科學但要補充。可以說，我愛心理學，所以才批評心理學。之所以把佛教與心理學對應來寫，是因為當今所有學說都宣稱理性，本人還沒有見過哪種學說宣稱自己非理性，哪怕最邪教的邪教也宣稱自己理性，那麼何為理性的基準？我認為這個基準只能是科學，暨現代心理學。

從標題中各位已經看出，本書涉及人類思想史上的兩種偉大智慧。

要說本書的緣由，主要是有感而發：

一是有感於知識階層的煩惱。之所以強調知識階層，倒不是因為這個人群格外優越，而是因為這個人群格外容易受害。套用一句俗話：未必「知識愈多愈反動」，但一定「知識愈多愈煩惱」。究其原因，知識讓人胡思亂想，而胡思亂想讓人抑鬱、焦慮、擔心、後悔、自責、悲傷、憤怒……

二是有感於理性資源的匱乏。之所以強調理性資源，因為現代社

會中知識階層的比重愈來愈大，但適合我們的方法卻很少。何以見得？如果把心靈的道理分為信仰類與理性類，首先可以先排除前一類。不是說信仰不對，相反地現代人亟需信仰，但問題出在信仰要求「先信仰、後理解」，而知識階層要求「我先想清楚，再決定信還是不信」，結果彼此無緣。如何幫助這些「非想清楚不可」的大腦呢？只能靠理性。但現實情況是：成體系的理性資源很少。

我找來找去，只找出兩種：現代心理學與佛學。

至於為什麼只有這兩種，正是這本書要回答的問題。

首先，我希望講清楚現代心理學能做什麼、不能做什麼。或許你會問：市場上的心理學書已經很多，本書有何不同？很簡單，心理學界雖然內部觀點各異，對外卻驚人一致地為現代心理學「歌功頌德」。我能理解對科學的歌功頌德，卻偏好以科學的精神「理性質疑」。並且不能只破不立，必須有破有立。這是本書做為心理學書的兩點不同。

接下來，**我更希望講清楚佛學能做什麼、不能做什麼**。同樣你會問：市場上的佛學書已經很多，本書有何不同？也很簡單，我想寫的既非神祕的宗教，亦非放下、淡然、不執著的小故事，而是佛陀的理性與邏輯。此外，我並不打算按教義來寫，而準備按心理學來寫。這是本書做為佛學書的兩點不同。

最後，**我還希望清楚地比較佛學與現代心理學**。前者能否解決後者解決不了的問題？各位很想知道比較的結論吧，謹此預告比較的難度：心理學愛好者可能指責我不夠中立，而佛學愛好者又可能拒絕接受我的中立，兩邊恰恰證明「本書不能更中立」！

關於閱讀的建議，既然本來就不只一本書，那你就當兩本書讀吧。

如果對心理學感興趣，可按第一、三、二部分的順序讀；如果對佛學感興趣，可按第二、三、一部分的順序讀；即使在每一部分中，你也可以跳躍閱讀。其實這種方式我原本排斥，為什麼現在反而鼓勵呢？

因為本書資訊量實在太大！想想看，人類思想史上的兩種偉大智慧，各寫出十卷八卷都不嫌多，現在卻寫到一本書中：先是現代心理學像從一塊麵包被壓縮成一層餅乾，接著佛學像從另一塊麵包被壓縮成另一層餅乾，最後還被疊加成「雙層壓縮餅乾」。

除非你能說：智慧的營養，多多益善！

對僅僅出於好奇的朋友，我希望本書能最大限度滿足你的好奇——讓兩種偉大的人類智慧在你頭腦中碰撞，或許會碰撞出思想的火花吧。要知道前人的智慧固然重要，但什麼更重要呢？唯有屬於自己的那一點點！

對有一定專業基礎的朋友，我希望本書能最大限度挑戰你的專業基礎——現代心理學是科學真的沒問題嗎？佛學不是科學還算心理學嗎？如果剛開始讀時你愈來愈困惑，那讀到最後你會愈來愈清晰。要知道，既然是真智慧，就經得起理性的質疑。若問誰的理性？

唯有你我自己的理性！

金木水

二〇一八年寫於南京紫金山

第一部分

對現代心理學說「不夠」

—— 為什麼對這門科學我們不能預期過高？

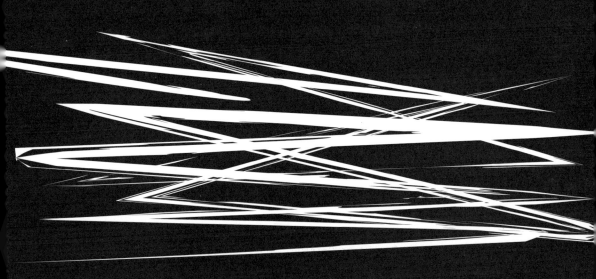

1. 誰有病，誰沒病，誰治病
——心理學似乎不足以解決心理問題

二十世紀初，美國正經歷著工業化的衝擊：一方面，國際地位不斷提高、物質生活有極大改善；另一方面，每個人都希望出人頭地，因而精神壓力劇增。於是社會上出現一種怪病，症狀是失眠、憂鬱、頭痛，有時還有皮疹、眩暈、胃潰瘍，嚴重的情況會出現「腦血管崩潰」（腦溢血）。為什麼叫它怪病呢？這些人生理正常——按當時的醫學標準不算病人，也沒有幻覺——按當時的醫學標準也不算瘋子，醫師不得不給「怪病」取了一個新的名字——神經衰弱。

據說，神經衰弱當初在美國如此流行，以至於有一本通俗讀物就叫《沒有人沒有神經衰弱》。還據說，美國心理學開創者威廉‧詹姆斯（William James）當初產生對心理學的興趣，就是因為自己、親戚、朋友、同事都得了神經衰弱。

這個故事，是我從心理學家舒爾茨（Duane P. Schultz）的書中讀到的。[1] 之所以講這個故事，因為我發現一百多年後，這種「怪病」終於傳到了中國：看看我們周圍，同樣存在著物質愈來愈好、精神愈來愈煩的反差，也同樣流行著失眠、憂鬱、焦慮、頭痛。於是，就像一個世紀前的威廉‧詹姆斯那樣，一個世紀後的我也產生了對心理學的興趣。

什麼樣的契機，會使一個人對心理學感興趣？

心理問題。榮格（Carl G. Jung）說：沒有痛苦，就沒有意識的覺醒。提到心理問題，往往被想得太嚴重，其實它可大可小：極端的心理問題才算心理疾病，普遍的心理問題只算煩惱；它們都是心理健康的反

面，只不過反面的程度不同罷了。可以說：正是每個人對心理健康的關注，把他或她引向了心理學。

又是什麼樣的契機，會使一個人對佛學感興趣？

佛陀說：人生是苦。[2] 如果你對這句話不曾體會，也就不會對佛學感興趣。回想年輕時的我就是這樣，煩惱雖然很多，解脫似乎很快，如果那時有人告訴我人生是苦，我一定會反駁說：「不，人生是快樂。」直到中年後，發現身、心、境變化無常時，我才體會到人生「有」苦。再到發現「苦」無法逃避時，我才體會到人生「是」苦。雖然每人情況不同，但可以說：正是每個人對解脫苦的嚮往，把他或她引向了佛學。

要說心理問題和苦有什麼關聯，它們基本是一回事。之所以聽起來像兩回事，因為它們來自兩個系統，對現代人來講，兩個系統的語言都過於生僻罷了。其實心理問題說白了，開始於煩惱，大部分是煩惱；苦說白了，也開始於煩惱，大部分也是煩惱。沒錯，**正是煩惱，把心理學、佛學與我們連接起來。**

當然，上述契機是對普通人而言。如果考大學時，你糊裡糊塗地報了心理系，那你不需要心理問題這種契機。同樣地，如果小小年紀，你陰錯陽差地被送進廟裡，那也不需要苦這種契機。除了以上「專業人士」，如果各位自覺地對這個話題感興趣，那肯定有一種契機——煩惱就是你的契機。

之所以提到契機，因為我們要定義「夠不夠」。

想想看，從怎樣的契機出發，決定了以怎樣的標準為「夠」。比如口渴的朋友，以解渴為「夠」，不會以你遞來的本書為「夠」；而求知的朋友，以求知為「夠」，不會以你遞來的饅頭為「夠」。

因此就好理解：既然公眾接觸心理學與佛學，原本以煩惱為契機，那本書自然以消除煩惱為評判「夠不夠」的標準。而上面提到的「專業人士」則很難講：其中少數可能因另有契機也另有標準。不過，我

相信多數的心理學家，無論自己有何契機，都將以公眾的標準為準——在我眼中，這才叫真正的「專業」！

好，我們明確了「夠不夠」的標準（甚至提升了「專業人士」的標準），下面就可以進入主題了。

本書的主題是：心理學和佛學能消除煩惱嗎？它們「夠」還是「不夠」？

說來話長。

從內容上看，心理學有心理治療，佛學有「滅苦」。問題是：有內容不等於效果夠，存不存在「中看不中用」的可能呢？甚至有內容不等於內容夠，存不存在「非核心內容」的可能呢？最好別急著下結論。

尤其對爭議性的「誰夠誰不夠」，就更別急著下結論。較為穩妥的辦法是：我們先看看心理學「夠不夠」，再看看佛學「夠不夠」，最後比較「誰夠誰不夠」。本書三部分由此而來。

🌑 兩個問題

在討論「現代心理學夠不夠」之前，當務之急要把這個過於宏大的主題分解開來。既然「不夠」可以分為「能力不夠」和「意願不夠」，那第一部分的主題也可以分為：

第一，現代心理學是否**足以**解決現代人的心理問題？

第二，現代心理學是否**願意**解決現代人的心理問題？

我們先用前兩章，分別講清楚這兩個問題。如果各位發現這兩章的觀點有失偏頗，那並無異常。要知道，既然筆者不準備立即得出結論，就也不準備立即全面公正，那些都是後面章節的事。筆者僅希望先說明——問題可能存在。

關於第一個問題，有人會覺得太簡單，理由是初學者也有類似困

惑。那樣的話的確太簡單了：心理學教材中已有「標準答案」。但既然如此，本書還需要寫嗎？顯然筆者並不認可那些「標準答案」。為公平起見，我會列出與心理學家的相互回應，相互回應到最後各位會發現：問題既不像我提得那麼簡單，也不像心理學家答得那麼輕鬆。

你會問：憑什麼連科學的現代心理學都不認可呢？我認為，全憑與科學一致的原則──觀察。近代科學的先知法蘭西斯・培根（Francis Bacon）說：科學始於觀察。因此對第一個問題的回答，理應源於對心理問題的觀察。不過讓各位抓狂的是，心理學家們在觀察，筆者也在觀察，結論卻不同。如果自我檢討的話，大家都在觀察各自希望的事，並美其名曰「著眼點不同」。

比如關於「現代心理學是否足以解決現代人的心理問題」，心理學家能列舉出心理學治好了很多病，而我能列舉出心理學沒治好很多病。於是，各位要問：哪種情況更普遍呢？我想更讓各位抓狂的是，要想統計清楚病例，就要定義清楚病人：誰有病？誰沒病？

醫護人員的判斷

作家麗塔・布朗（Rita M. Brown）這樣判斷：根據精神正常的標準統計，每四個美國人中就有一個患精神病。好，現在數出三個你最好的朋友，如果他們都神志正常，那不正常的就是你。

這當然是句玩笑話。要定義「誰有病、誰沒病」，我們不該自行判斷，應該找專業人士才對。在專業人士中，我們會先想到心理學家，可事實上心理學家們知識雖多，但缺少實踐。什麼人比心理學家更有資格判斷？當屬精神病院的醫護人員，他（她）們既受過理論培訓，又具備實戰經驗。問題是：這就足以確保判斷無誤了嗎？心理學愛好者會立即指向最新版本的《DSM》診斷標準，[3] 但別急，我們要先從之前的故事講起。

在一九七三年，心理學家羅森漢（David L. Rosenhan）進行了以下實驗：[4]

羅森漢徵集了八名理智正常的志願者，讓這些志願者主動要求被精神病院收容。按照指示，這些志願者一旦進入精神病院，就恢復正常，積極表現，並申請出院。結果呢？八名假病人平均花了十九天才獲准離開，期間沒有一位醫務人員發現他們不是病人！

可以想像，實驗結果一公布，既讓公眾跌破眼鏡，也讓心理治療界陷於恐慌，於是心理醫師們迫不及待地解釋：問題不在於精神疾病的診斷，而在於醫務人員的疏忽。

真的如此嗎？事實證明相反：如果醫務人員不疏忽，結果反而更糟。要知道，羅森漢的實驗沒有結束，接著他又進行了後續實驗。

羅森漢對前面的精神病院重新發出警告：「我準備再次安排假病人入院，請嚴格甄別。」實際上，羅森漢只在虛張聲勢，並未付諸實施。結果呢？在三個月內，醫院報告了一百九十三例假病人！羅森漢多次重複上述實驗，每次都得到相似的結果。

羅森漢的結論是：「在精神病院，我們無法區分正常人和精神病人。」雖說這句話是就事論事，其實前綴大可不必：在或不在精神病院，我們都無法區分正常人和精神病人。

五十年過去了，情況並未發生根本改變。最新版本的《DSM》標準其實印證了這點，在這本美國精神醫學學會編寫的《精神障礙診斷與統計手冊》中，每條症狀的描述都存在相當的彈性空間。如果把這些描述歸類為 Dysfunction、Distress、Deviation，即功能障礙、精神障礙、社交障礙，這「3D」或三障礙，何嘗不都取決於「誰在判斷」？倒不是說這有何不妥，只是希望各位對心理診斷的主觀性有所認識罷了。

關於如何統計，我們進了一步：**從現象上，正常人與病人無法判斷。**

心理學家的解釋

該如何來解釋「無法判斷」的現象呢？

作家雨果‧貝蒂說：我們都不正常。正因為人人都偏離常規，所以才給每人取一個不同的名字。這當然也是玩笑話，毫不專業。因此我們再看看另一類專業人員——心理學家的意見。

雖然有一百個心理學家就有一百種不同的意見，好在心理學家中的大部分都認同**正常人與病人沒有本質區別。**

最具有代表性的是佛洛伊德（Sigmund Freud）。其社會心理觀可以歸納為：人天生與環境存在衝突。讓我們把這句話拆開來理解：

——佛洛伊德所說的「人」，主要指人的本能。深受達爾文進化論的影響，佛洛伊德認為人類沒有自己想像得高貴，實際上受控於動物般的本能：早年他總結出性本能和生存本能，晚年他把這兩種合併為「生之本能」，又增加了破壞的本能，即「死之本能」。

——佛洛伊德所說的「天生」，主要指本能從很小就表現出來。據他觀察，性和破壞的本能最早可以追溯到嬰兒期，在青春期發展到頂點，並會永遠保留在成年人的潛意識中。

——佛洛伊德所說的「環境」，主要指社會環境。他發明了「社會神經症」（neurosis，精神官能症）一詞，意思是不僅個人病了，社會也病了，並預言「總有一天，會有人從事研究文明社會病理的工作」。[5]

——佛洛伊德所說的「衝突」，主要指本能無法抑制。由於「生之本能」，我們無法抑制愛；又由於「死之本能」，我們無法抑制破壞。

儘管佛洛伊德比羅森漢早很多，但前者的理論可以解釋後者的實驗：既然「人天生與環境衝突」，那麼人天生壓抑就不足為奇了；既然人內心壓抑，那麼外表偽裝就不足為奇了；既然內外有別，那麼醫護人員無法判斷就不足為奇了。其實佛洛伊德本人也說過，健康與病

態「只是一個量的差異，並非質的差異」。[6]

　　除了佛洛伊德外，另一些心理學家從不同角度得出了相似的結論。

　　如何看待正常人也會表現不正常？

　　社會心理學家阿倫森（Elliot Aronson）的名言是：做出瘋狂舉動的人不一定是瘋子。他發現，在某些極端情景中，正常人會產生認知失調，做出「令人作嘔的舉動」。[7] 也就是說，正常人與病人都可能產生錯誤認知，絕對正常並不存在。

　　人本心理學家馬斯洛（Abraham H. Maslow）的觀點從側面證明了這點。在馬斯洛看來，只有滿足了自我實現需求的人才被認為心理健康；但他又認為，真正達到這種標準的人不超過人口總數的1%。[8] 那剩下99%的人群，從總數看正常，從自我實現角度看又不完全正常吧。

　　反過來，如何看待病人也會表現正常？

　　心理醫師萊恩發現，患者所表現出來的異常的行為，不過是對痛苦的有效表達。[9] 也就是說，精神病人和正常人只不過選擇了各自不同的表達方式，絕對異常也不存在。

　　英國心理學家艾森克（Hans J. Eysenck）的觀點從側面證明了這點。艾森克認為天才與瘋子只有一線之隔，而神經質是將創造力轉化為現實中的成功的重要因素。[10] 那如何區分一個神經質的人和一個創造力的人呢？很難，也許是同一個人！

　　關於如何統計，我們又進了一步：**從本質上，正常人與病人無法區別。**

誰有病，誰沒病

　　在兩次進步後，「誰有病，誰沒病」的問題陷入了僵局：**精神疾病難以界定。**

　　馬克・吐溫（Mark Twain）說：想到我們都是瘋子，種種難解之謎

於是消失，生活也變得可以解釋。雖說還是玩笑，但該如何解釋現實呢？第一，不能說人人有精神疾病；第二，生活中確實存在精神疾病；第三，精神疾病又難以界定……

該如何突破僵局呢？如果連美國精神醫學學會都難以清晰界定，照理說就很難有更好的辦法了；但做為「沒有辦法的辦法」，我們不妨從語言入手。

關於「精神疾病」一詞，如果把「病」太當真，那就面臨判斷「病」與「非病」的難題，而醫學與心理學已經證明無法解決。因此我建議：除了爆發的，把未爆發的精神疾病都理解為「煩惱」。

另一個詞「心理問題」情況類似：難以界定，又無法否認。比如我們每個人都能自己感覺自己：有時心情好，好到沒問題；有時心情差，差到有問題。要避免判斷「有問題」與「沒問題」的難題，我也建議：除了明顯的，把不明顯的心理問題都理解為「煩惱」。

潛在的精神疾病即大煩惱，潛在的心理問題即小煩惱。

有了上述「不完美但比沒有好」的定義，我們才能對「誰有病、誰沒病」繼續觀察。

對於「誰有病」，實際情況是：誰都煩惱。究其原因，生活節奏太快，人與人接觸太頻繁，社會預期太高，這些都帶來持續而莫名的煩惱。終極的煩惱來自人生的迷茫，如心理學家佛洛姆（Erich Fromm）描述：他雖然拚命地工作力求上進，但對自己一切活動的徒勞卻茫然無知；他雖然處世的能力增強了，但對個人生活、對社會卻覺得力窮心絀；他雖然發明了種種新的、更佳的方法來征服自然，卻陷入那些錯綜複雜方法的迷津中，而未能察覺這些方法只有實現了人的目的才有意義。[11]

煩惱如此普遍，以至於連心理醫師也上了榜單。在一份對所有醫師做的心理調查中，心理師和麻醉師問題最多。這不奇怪，早在兩千多年之前《聖經》就寫道：「醫師，你醫治自己吧。」更不奇怪的是，

歷史上諸多心理學大師——費希納（Gustav T. Fechner）、佛洛伊德、詹姆斯、榮格、克萊因（Melanie Klein）等——都坦誠自己先為患者、後為醫師，他們中的很多人曾經瀕臨精神崩潰，因此才走上心理之路。

對於「誰沒病」，實際情況是：**誰都可能發病**。究其原因，煩惱不是病，卻隨時可能轉化為病。對這種「沒病卻待病」的狀態，最貼切的形容就是「心理上的亞健康狀態」。亞健康（sub-healthy）不是病容易理解，但亞健康為什麼一定會發病呢？機制就在於法國社會學家涂爾幹（Émile Durkheim）提出的「社會紊亂」，說白了，即使你自己不想發病，社會也會讓你發病。

涂爾幹解釋道：社會過於發達，以至於原有的社會架構受到破壞。這些社會結構如家庭、宗教、鄰里關係原來是真誠而連接生活的，現在都變為無關緊要。生活在這種發達社會的人，看似自由，實際缺乏真正的共同關係，也無法引起生活的興趣，變成了無序的塵埃。[12] 涂爾幹發現，自殺現象隨著工業化進展大幅度提升，這說明「社會紊亂」中的每一個體，從心理亞健康到心理不健康，都僅僅一步之遙。

總結我們的觀察：**問題不是少見，而是普遍！危機不是不存在，而是沒爆發！**

誰治病

接下來，誰治病？

不僅現代人爆發的「病」要治，即使現代人潛在的「病」也要治啊。但我聽說，有一門專門研究心理的學科，稱為現代心理學；其中有一個專門負責治療的分支，稱為心理治療。

心理學界對自己的描述如「高山仰止」一般，以至於引起了我的懷疑，尤其前面的觀察令我不得不懷疑：想想現代心理學界為「專業」而洋洋自得的同時，為什麼現代人仍然面臨「誰都煩惱、誰都可能發

病」的心理危機呢？似乎，專業並不那麼專業！

由此我產生第一點困惑：**現代心理學不足以解決現代人的心理問題！**

好，問題（困惑）提出了，辯論開始了。下面看看心理學家與我之間的問答。

心理學家怎麼回應我的第一點困惑呢？如你所料，愈是優秀的醫師，就愈會找理由，更何況我們面對的是高智商的心理學家！各位去讀心理學教科書就會發現，裡面早有標準答案。

（正方）現代心理學怎麼解決不了問題呢？書中列出一大堆法庭心理學、軍事心理學、教育心理學、兒童心理學、工業心理學、社會心理學的應用，然後總結說：「這都是因為你們不了解現代心理學的緣故！」

（反方）但如果我們把問題聚焦到心理問題，再問：難道「心理」學不應該解決「心理」問題嗎？

（正方）在正常的情況下，心理學家是不會否認責任、更不會否認功勞的：現代心理學負責解決心理問題啊，看看，心理治療不是治好了很多病人嗎？

（反方）但如果我們聚焦到周圍的現實，追問：社會上心理問題愈來愈普遍、愈來愈嚴重，是不是現代心理學的步伐跟不上現代人的心理需求呢？

（反方）這時，就沒人負責了！心理學家會解釋說：不是我不能負責，而是根本不該我負責！（理由見下章）

看看，心理學家演繹了「完美解脫」：把一個問題轉移到了另一個問題！不過這種轉移恰恰證明，我的第一點困惑仍然成立。

心理學和心理治療

且慢，不用說心理學家，就連聰明的讀者也會指出我「用詞不當」

的問題：心理學是心理學，心理治療是心理治療，既然我們討論的是心理問題，是否應該專指心理治療才對呢？具體說來，關於我的第一點困惑，是否應該改為對現代心理治療的困惑？關於本書第一部分的主標題，是否應該改為〈對現代心理治療說不夠〉？

感謝這些朋友的提醒，但筆者另有考慮。否則，怎麼會明知有此質疑，還非要觸這個霉頭呢？

首先，**心理學與心理治療，在內容上分不開**。我理解心理學中既有治療，也有理論。按照我的本意，如果理論是理論、治療是治療，那該多簡單呢！但提出此問題的人比我更清楚，這既不符合心理學的現狀，也不符合心理學的歷史。心理學現狀是：無論學院心理學家，還是心理治療師都堅持理論指導實踐，前者以後者為延伸，後者以前者為基礎。心理學的歷史更證明：雖然出現過各種分裂的呼聲，但心理學理論與心理治療在現代心理學的整體框架中，已經糾纏了一百多年。因此，我們討論心理治療，繞不過心理學理論。

其次，**心理學與心理治療，在功能上是一回事**。這是由於心理學是整體，心理治療是它唯一的治療分支。就好像你是整體，眼睛是你唯一的視覺分支，因此眼睛不是你，但在視覺功能上，眼睛就代表你。試想：眼睛看不見，不就等於你看不見嗎？反過來，你看不見，不就等於眼睛看不見嗎？同理，「現代心理學不足以解決現代人的心理問題」與「現代心理治療不足以解決現代人的心理問題」是一回事，而「對現代心理學說『不夠』」與「對現代心理治療說『不夠』」也是一回事。因此請放心，這麼寫並無不妥；相反地，不這麼寫，在內容上反倒不夠嚴謹。

回到我們剛剛結束的辯論，照理說我的第一點困惑雖然成立卻並不稀奇，因為每種學說能力有高有低。但真正令人稀奇的困惑還在後面呢！

2. 我愛心理，所以我批評心理學
——心理學似乎不願意解決心理問題

好，現代心理學不足以解決現代人的心理問題，那現代心理學是否願意解決現代人的心理問題呢？

估計這次各位不會覺得太簡單，只會覺得太荒謬，因為這句話有些詞不達意：心理學之所以存在，不就是為了解決心理問題嗎？反面的情況，就類似「飛行員拒絕飛行」、「教師拒絕教書」、「廚師拒絕廚房」那般奇怪。不瞞你說，你覺得怪，我也覺得怪，所以假如這種情況真的發生，我們才難免困惑。

不過口說無憑，我們還是要觀察。對第二個問題的回答，理應源於對現代心理學現狀的觀察。同樣，為公平起見，我會列出本書的結論、心理學家的應答，以及我對應答的應答。應答到最後各位會發現：問題並非想像中那麼荒謬。也同樣提醒各位，本章的觀點如顯偏頗，僅僅為了先指出——另一個問題可能存在。

在觀察現代心理學之前，我想先介紹一下心理學的由來，尤其「心理學」的本來涵義。

🔵 古代心理學

首先是文字上的由來：何謂心？何謂理？

在中文中，「心」即心靈，包括感覺、觀念、推理、信念，即精神世界的一切。「理」即道理。加起來，心理學就是關於心靈道理的學說。

在英文中，「心理」一詞是 psychology，這個詞翻譯得十分貼切：前一半 psycho 意思是精神，後一半 logy 意思是原理，加起來，心理學就是關於精神原理的學說。

對比東西方的定義：精神等於心靈、原理近似道理，可以說，對心理學的理解大體一致。

如果說稍有差異，那就在道理與原理之間。記得易中天先生分析過中西方的「理」，[13] 在此借鑑一下：首先西方的原理是中性的，而東方的道理，中性之中帶有選擇，比如我們說一個人「有理」、「講理」，僅指正確的道理，不指謬誤的道理。其次西方的原理是思辨的，而我們東方的道理，思辨之中帶有實用，看看伏羲結網、神農百草、魯班造車就知道，我們祖先求知，為的是行動。

既然東方的心理涵蓋了西方的心理，那我們就採用前者：**心靈的道理。這是心理學的第一點本來涵義。**

其次是歷史上的由來：心理學從何時開始？

估計從「人成為人」的那一天開始。何以見得？考古學家在四萬年前智人留下的洞穴和墓葬中，挖掘出大量自然崇拜、動物崇拜、祖先崇拜的遺跡。與此相符的是，我們在今天的原始部落中，仍能看到這三種形式。你會問：這與心理學有何關係？

關係很簡單：原始崇拜就是最早的心理學。英國學者麥克斯‧穆勒（Max Miller）最早提出以上三種形式都基於相似的假設——萬物有靈。[14] 想想看，自然有靈、動物有靈、祖先有靈，當這些我們的祖先在冥冥中向神靈頂禮膜拜時，必然帶有情緒、判斷、意志——不是心理學是什麼呢？

顯然，從最早的源頭開始，心理學就帶有實用的特徵：**心理學是應該解決心理問題的。這是心理學的第二點本來涵義。**

雖然這麼說，但你難免問：如此原始的心理學能有用嗎？我想能。邏輯很簡單：我們祖先過著朝不保夕的生活，是容不下任何無用的東

西的。假如這種最原始的心理學不能解決問題，我們就不會在世界的各個角落——非洲、歐洲、亞洲、南北美洲——都挖掘出那麼多原始崇拜的遺跡。

順帶講下，各位去世界各地的博物館走走，就會發現一個奇怪的現象：雖然各國都宣稱自己的祖先獨一無二，恨不得從腳下的石頭縫裡蹦出才好，但各國出土的原始藝術卻出奇地相似。為什麼呢？前者符合愛國主義的主旨，後者才更符合人類祖先的共同心理。

進入農業文明後，原始崇拜逐漸消失了。再到城市文明，巫術、神話減少了。直至文字出現，心理學才算正式開始。（之前即使存在，我們也只能猜測其涵義。）

在早期心理學中，「心靈的道理」表現為三種更精緻的形式：宗教、道德、哲學。這時世界各地的文化發生了明顯的分化，在歐亞大陸上三種主要文明各有側重：印度偏宗教；中國偏道德；而歐洲則出現過哲學、道德、宗教分別占統治地位的時期。

代表早期心理學高峰的是古希臘文明。西方心理學家以此為心理學的起點是有理由的：雖然各種文明都記載過「心靈的道理」，但最具體、最系統、最多樣的記載來自古希臘。其中比較具代表性的學說有：

——德謨克利特（Democritus）提出了「射流說」（jet）：物體的光流射入眼睛中形成視覺，這是最早的感覺到知覺的學說。

——柏拉圖（Plato）提出了最早的「二元論」：世界可分為理念世界和現象世界，前者是不朽的，後者只是前者的臨摹。

——亞里斯多德（Aristotle）提出了「一元論」：理念和現實無法分離，我們的一切知識只能來自感覺經驗。

此外，希臘哲學還提供了輪迴說、犬儒學說、苦行說、末世說、懷疑主義、享樂主義等多種學說。

該如何稱呼這一時期的心理學？

按時間劃分，當然可以稱之為古代心理學，這裡的古代指的是歷史學家定義的、近代之前的那個古代。

心理學家艾賓浩斯（Hermann Ebbinghaus）有句名言「心理學有漫長的過去，但只有短暫的歷史」，可謂言簡意賅。「漫長過去」從心理的涵義出現於文字算起，跨越幾千年的時間，這夠漫長了吧？「短暫歷史」從心理學做為獨立學科算起，才不過一百多年的時間，這夠短暫了吧？

按內容劃分，我們也不妨稱之為廣義心理學。這裡的廣義，指的是**「心靈的道理」長期孕育於宗教、哲學、道德之中，這是心理學的第三點本來涵義。**

追根溯源，我們把心理學的本來涵義總結為「實用的、廣義的、心靈的道理」，到本書第一部分結束時，請各位對比一下其與現代涵義的不同。

一個令人思考的問題是：在長達兩千多年的時間裡，心理學都未單獨出現，這是好是壞？現今的心理學新人往往莫名其妙地感慨：「心理學被耽誤了這麼久……」恨不得現代心理學的開拓者馮特（Wilhelm Wundt）早生兩千年似的。但事實並非如此。

僅僅哲學，僅僅古希臘哲學，就為心理學預留了寶貴的財富：原始的模型、思辨的方法、批判的精神。假設沒有如此多元的基礎，我們很難想像近代心理學的復興，更難想像現代心理學的誕生。因此有一種通俗的說法──「哲學是心理學的父親」，此話不假。這位父親兩千多年後晚年得子──現代心理學。

現代心理學

關於現代心理學的歷史，我們會在後兩章中介紹，這裡先開個頭：講下定義和分類。

如何定義現代心理學？

讓我們看看幾位現代心理學大師怎麼說：

——心理學大師馮特說：對意識進行準確描述是實驗心理學的唯一目標。[15]

——心理學大師華生（John B. Watson）說：心理學的目標是行為的預測與控制。[16]

注意兩個關鍵字：意識與行為。

關鍵歸關鍵，這兩個詞卻未必同時出現。至於你看到意識還是行為，首先取決於你遇到哪一位心理學家——他（她）們中有偏意識的，有偏行為的，有兼顧兩者的，分屬不同的陣營。其次也取決於你讀到哪一本書——以我的經驗看，大師的論著往往立場鮮明，而教科書則立場不明。站在編寫者的角度，我們很容易理解教科書的難處：說心理是意識吧，會得罪一派人；說心理是行為吧，又得罪另一派人。怎麼辦呢？還是做「中間派」吧。

雖然不確定「中間派」能否接納我，但出於同樣的顧慮，本書也立場不明地定義：**現代心理學是意識與行為的科學。**

講完了定義，再講一下分類。

最簡單的分類，是把現代心理學劃分為兩大陣營：行為類與意識類。我理解，各位難免對這兩個詞感到陌生，儘管這是筆者希望避免的情況，但在現代心理學中，實在繞不過去這兩個詞——**行為類和意識類，都曾各占現代心理學的半壁江山！**

即使今天的心理學家們紛紛更換了標籤，但觀察其思維方式仍然不外乎兩種：或從物質入手，或從精神入手。因此上述分類仍然有效。至於為何本書採用看似傳統而非看似時髦的分類，原因很快會講到。

有的朋友會問：假如遇到某種心理學既講物質、又講精神，該劃入哪一類呢？答案是「意識類」。即，但凡講一點意識的，都應歸入「意識類」；只有完全不講意識的，才被歸入「行為類」。

結合前面對心理學理論與心理治療的劃分，我們明確現代心理學的兩大陣營為：

第一類：行為類心理學和心理治療（廣義上，從物質著手）。

第二類：意識類心理學和心理治療（廣義上，從精神著手）。

再進一步細分，「行為類」方向較少，最主要的只有一種：行為心理學和行為療法；而「意識類」則方向眾多，最主要的有三種：佛洛伊德的心理學和精神分析療法、人本心理學和人本療法、認知心理學和認知療法。從下一章開始，我們將介紹這四種主要流派：

第一種：行為心理學和行為療法。

第二種：佛洛伊德心理學和精神分析療法。

第三種：人本心理學和人本療法。

第四種：認知心理學和認知療法。

難道現代心理學只有這些內容嗎？當然不止。以上分類僅僅是本書為講解方便而做的簡化。簡化的好處是，在最短時間內讓各位了解現代心理學和心理治療；而簡化的壞處是也讓各位誤解：從四個主要流派來看，現代心理治療不是既中心又主要嗎？

事實恰恰相反。

🌑 一盤散沙與一粒小沙

先說「非中心」的問題。

隨便翻開一本心理學教科書，各位光想看懂目錄，就要花費超出一般的時間。因為，實在搞不懂編排的邏輯。這還不是某個編者的問題，而是心理學教材幾乎本本如此。以擺在我面前的十幾本為例吧，其中一本顯示為：⑴心理、行為和心理科學；⑵生物心理學和神經心理學的基礎；⑶意識狀態；⑷心理發展；⑸感覺和知覺；⑹學習；⑺記憶；⑻思維和智慧；⑼情緒和激勵；⑽壓力、健康和幸福；⑾人格；⑿心

理障礙；(13)心理障礙的治療；(14)社會心理學。[17] 其中貫穿著怎樣的主線？都是主線，或者說沒有主線！

再打開美國心理學會的網站，各位會發現五十四個心理學分會，[18] 對應著五十四種官方認可的現代心理學。照理說「五十四」這個數字已經足以嚇倒數學界、物理界、化學界的同行們，但每隔幾年又會有新的心理學分會成立，宣稱進一步完善了現代心理學的分類。其中哪個是重點？都是重點，或者說沒有重點！

既沒主線也沒重點，現代心理學就如一盤散沙。

雖說事實不可否認，但實在與現代心理學在各位心中的美好形象不符。因此如有疑問，也屬正常。

你會問：本書對現代心理學的分類，不可以做為四條主線、四個重點嗎？必須肯定，你的眼光真棒！確實，本書的版本對心理學有利，官方的版本對心理學不利。不過前者不算數，後者才算數：對前面四個主要流派的劃分，估計五十個心理學分支會說我全都選錯，剩下的四個心理學分支會說我選錯了三個！

你還會問：心理學家們如此聰明，怎麼會沒人出來扭轉局面呢？有過，只是從未成功過。原因很簡單：每一現代心理學的分支都拒絕自己被整合，因此大聲反對：「你們不理解我們的專業性質！Leave us alone!」看看，像美國心理學會這種權威組織也不敢貿然行事，只好每次把全部分會一一列出，至於怎麼再分類？各位自己看著辦吧。

更多心理學家選擇了接受現實，他們會向各位解釋說，最新的現代心理學可以從五十四個分支簡化為十大塊，甚至五大塊，如神經心理學、發展心理學、認知心理學、社會心理學、臨床心理學——儘管仍然沒中心、沒重點；他們還會解釋說，現代心理學進入了更精細的階段，無須再討論方向——儘管筆者並不認同。

看來所謂「非中心」，不是說另有中心，而是在這盤散沙中，任何沙子都無法自稱中心！更何況，心理治療做為心理學理論的延伸，

位置就更邊緣，如果說心理學理論界還在爭論「誰更中心」，那心理治療界就根本在爭論之外！結論是：**心理治療在現代心理學中的位置，絕非中心。**

再說「非主要」的問題。

這與前面是兩個不同的問題：「中心」有關位置，「主要」有關比例。如果不回答這個問題，就會有人問：雖說每粒沙子都不在中心，但會不會某一粒沙子體積最大呢？

我可以告訴各位：即便有這樣一粒沙子，也輪不到心理治療。

因為現代心理學總共包括四大部分：研究、理論、應用、治療。

在前面提到心理學理論時，我們忽略了與理論關係密切的心理學研究。事實上，研究是整個現代心理學體系中最主要的部分，卻被我們合併進了理論，為什麼呢？

第一，我們的目的在於解決心理問題，因此離理論近，離研究遠。

第二，有的學派有研究，有的學派沒研究，但共同的是大家都有理論。

因此，我們把理論與研究統稱為「某某心理學理論」或「某某心理學」。

另外，前面提到心理治療時，我們也忽略了同為「應用」的其他應用。所謂應用心理學，就是心理學與各行各業的交叉領域（跨界）：如商業心理學，就是把心理研究的成果和心理治療的方法應用於商業；又如軍事心理學、競賽心理學、教育心理學、法庭心理學、工業心理學等都以此類推。心理治療也屬於心理學應用，卻被我們單列，為什麼呢？第一，因心理治療與我們主題相關；第二，因為其他應用與我們主題無關。

我無意貶低心理學研究和心理學應用的價值，但研究、理論、應用、治療本來已經很分散，再加上研究之多、應用之多，無異於讓現代心理學更無主線、更無重點。於是，心理治療又如一粒小沙！

結論是：

心理治療在現代心理學中的比例，絕非主要。出乎預料，對我們如此重要的心理治療，怎麼落到一盤散沙中的一粒小沙的地步了呢？

似乎，現代心理學並不以此為優先。

由此我產生第二點困惑：**現代心理學不願意解決現代人的心理問題。**

「心理學不解決心理問題」的理由

好，又到辯論的時間了。讓我們看看心理學家如何回應我的困惑。

別擔心，只要翻翻心理學家的著作，各位就會發現裡面也有標準答案。答案不否認我所描述的事實，只在為事實辯護。

（正方）理由一：病人只是少數，健康人是多數。[19] 這暗示著：心理治療並非心理學的主流方向。

（正方）理由二：心理問題的根源在於社會。[20] 這暗示著：心理治療要以改造社會為前提。

諸位別小看以上兩點。首先，它們不是筆者臆想出來的，而是心理學大師們一本正經的學術研究。其次，憑藉這兩大理由，心理學家們把責任推得一乾二淨，再次演繹了「完美解脫」！

舉個例子吧，某天原本健康的你難得生病、難得住院治療，這時你的醫師卻聳聳肩說：「第一，治病不是我的主要工作；第二，治病要先改造醫院。」你會作何感想呢？

這樣才好理解我們辯論的初衷——不是為辯論而辯論，而是因為——**不推翻「心理學不解決心理問題的兩大藉口」，它就永遠理直氣壯！**

對心理學家的回應，我們如何再回應呢？

（反方）推翻第一個藉口的理由很簡單：

上一章我們已經論述，心理問題是現代人類面對的共同危機，而心理學的根源都在於人類，既然如此，現代心理學不應該以解決心理問題為使命嗎？即使不是全部使命，也應該是主要使命吧。

反之，如果說「心理治療並非心理學的主流方向」，確實就像「飛行員不開飛機但開汽車」、「教師不教書但從事行政」、「廚師不做菜但會彈琴」般荒謬，錯在哪裡呢？其實開汽車、從事行政、會彈琴都沒錯，但都是副業，不能取代主業！

結論是：**心理治療是現代心理學的主業**，恰似在前面的例子中，治病是醫師的責任。

（反方）推翻第二個藉口的理由有點長：因為指責社會問題沒錯，但正因為它沒錯，所以更誤導、更要推翻！有三點理由：

第一，人們對現代社會的指責，往往與科技進步的副作用有關，在我看來，這對科技很不公平。想想看，我們一方面享受著醫藥、汽車、家電等現代科技的成果，另一方面又抱怨環境汙染了、城市擁擠了、人變成物質的奴隸。其實汙染環境的是我們自己，讓城市擁擠的是我們自己，把人變成物質的奴隸的還是我們自己！

第二，人們對現代社會的批判，還忽略了社會飛速發展的事實，只要回頭看看幾十年前的社會批判，我們就會發現它們大都過時。比如政治學理論家馬爾庫塞（Herbert Marcuse）曾經寫過一本名為《單向度的人》的書，[21] 轟動一時，該書批判大規模製造剝奪了人的創造力。但幾十年過去了，社會正朝完全相反的方向發展：服務業、互聯網、3D 列印都鼓勵著「多向度的人」。

第三，指責社會完全無益於解決問題。我們面對心理問題時，就把社會當成不得不接受的現實吧。

結論是：**心理治療無須以改造社會為前提**，恰似在前面例子中，治病無須先改造醫院。

推翻心理學不解決心理問題的藉口容易，但推翻心理學不解決

心理問題的態度不容易。如何避免愈優秀的醫師愈會找理由呢？沒有辦法，我只能說：醫師即使有推卸責任的能力，也不應有推卸責任的態度！

不過這種態度恰恰證明，我的第二點困惑仍然成立。

🌑 為時尚早的結論

批評了心理學家的態度，自己的態度呢？

沒錯，我在批評別人的同時，並沒忘記表揚自己。坦然地講，第一，本書的目標，與心理學家的長遠目標高度一致：不是為了辯論，而是為了改進。第二，本書的精神，也與心理學的批判精神高度一致：我愛心理，所以批評現代心理學。

懷著共同的目標與共同的精神，讓我們回顧至今為止的兩點結論：

第一，現代心理學不足以解決現代人的心理問題——這本應是它義不容辭的能力。

的二，現代心理學不願意解決現代人的心理問題——這本應是它義不容辭的責任。

那麼，本書能否就此結束——對現代心理學說「不夠」呢？

恐怕為時尚早。按照「前因後果」的順序，我們才只講了後果，還沒講前因。如果到此為止的話：

一是尚未分析原因。眾所周知，現代心理學是高品質的科學，現代心理學家是高智商的科學家，各位難免懷疑：上述情況怎麼發生的呢？

二是尚無解決辦法。我們知道，「光破不立」容易，「有破有立」很難。雖說批判也是種哲學精神，各位難免質疑：你有何建議呢？

因此，出於對現代心理學的敬意，更出於對科學的敬意，我們決不能輕易說「不夠」。**至於什麼時候才能放心說「不夠」，本書自設**

兩個前提：一要找到原因，二要找到辦法──都只能從「前因」中找起。

於是下面五章的任務就明確了：一要回顧現代心理學走過的歷程，二要介紹現代心理學四個主要流派，目的是得出第 8、9 章的判斷。任務如此艱巨，各位不免擔心筆者能否完成：「別人寫心理學都寫厚厚一本，你寫薄薄五章能行嗎？」請放心，本書並非一本心理學教材，我們僅僅希望從其歷史的精華中找出思想的精華，以便了解心理學能做什麼、不能做什麼；是否需要補充、需要怎樣的補充，而這項選擇「精華中精華」的任務，正是筆者最榮幸且最擅長的事！

3. 理性的衝擊，上帝死了
——心理學發生了第一次重大轉向

　　回到前面講的廣義心理學，它在希臘時代之後沉寂了很久。原因是進入中世紀後，基督教就占據了歐洲的正統地位。當然基督教也算心理學，只不過這種心理學除了上帝和《聖經》之外，實在沒有太多內容可講。情況直到歐洲進入近代之後才改變，因為那時，哲學的思維又重新抬頭。

🔘 笛卡爾的懷疑

　　一六一九年的一天，一位年輕人將自己關進了熱烘烘的「火爐」——後人猜測那是個帶壁爐的小房間——待了整整一天。他之所以要這麼做，不僅為了避寒，而且為了思考。可以想像，面對四周的壁爐，這位思考中的年輕人產生了幻覺……

　　他開始懷疑世界：世界一定為真嗎？答案是未必，因為在「火爐」裡的他不確定外面世界的樣子，甚至也不確定外面的世界是否仍然存在。

　　他接著懷疑火爐：火爐內就一定為真嗎？答案是未必，雖然看得到周圍的一切，但自己可能在做夢。要知道，做夢的時候，我們感覺也很真切。

　　他甚至懷疑自己：身體一定為真嗎？答案還是未必，因為自己仍然可能在做夢。

　　懷疑來懷疑去，好像只剩下懷疑。也就是說，思考可以懷疑外在

的對象和內在的對象，卻無法懷疑思考本身。於是他得出一個可以為真的起點——「我思」，「我思」需要一個主體——「我在」，結論是——「我思故我在」。這位年輕人從「火爐」中爬出來後，宣稱自己解決了人類理性的難題。大家想必已經知道，這位愛思考——或者說愛懷疑——的年輕人，名叫勒內・笛卡爾（René Descartes）。

各位在中學學解析幾何的時候，聽說過做為數學家的笛卡爾。事實上，笛卡爾還被公認為近代哲學及近代心理學的開創者。你一定好奇：僅憑「火爐中的懷疑」，笛卡爾就贏得如此之高的榮譽嗎？

基本如此。先看看為什麼說笛卡爾開創了近代哲學。

要知道，哲學的原意是愛智慧。如何愛智慧呢？智慧開始於理性，而理性開始於懷疑。對現代人來講，前者顯得積極、後者顯得負面，事實上兩者密不可分：儘管理性不僅包括懷疑，還包括探索，但如果沒有提出問題的懷疑，哪來回答問題的探索呢？

因此，哲學史就是一部懷疑史。古希臘先哲蘇格拉底（Socrates）首創了「蘇格拉底式的反問法」，即不停地反問對方，問到對方懷疑自己為止。如果你也以其人之道還治其人之身，反問蘇格拉底呢？他會說：「我什麼都不知道。」

自蘇格拉底以後，哲學、理性、懷疑幾乎變成了同義詞。他的學生柏拉圖和亞里斯多德都繼承了懷疑的傳統。柏拉圖強調：感覺值得懷疑。且不說夢中的感覺，即使不在夢中，所看到的、聽到的、聞到的、嗅到的、觸摸到的就可靠嗎？比如同樣一種天氣下，我覺得熱，你覺得冷；溫度相同，感覺不同。再比如我們看到海市蜃樓，以為真實存在，實為視覺假象。亞里斯多德則補充了另一種懷疑：「吾愛吾師，吾更愛真理。」潛臺詞是：老師不等於真理，同樣值得被懷疑。

在希臘時代以後，懷疑的傳統中斷了一千多年之久。在教會統治下，懷疑是被禁止的：上帝安排一切，《聖經》就是指南，誰需要懷疑？誰敢懷疑？否則就會被視為異端。嫌疑最大的非哲學莫屬。因此哲學

在中世紀前期被壓制，到後期也只能做為「神學的婢女」。

笛卡爾是如何改變這種狀況的呢？

——懷疑。

但他並非重新拾起「希臘式的懷疑」。

首先，笛卡爾懷疑得很有道理，以至於邏輯嚴密，這與希臘式的簡單提問不同。可以想像，如果教會要禁止蘇格拉底式的懷疑，那靠一紙禁令就夠了。但如何禁止笛卡爾的懷疑呢？它建立在人類基本理性的基礎上，要禁止它，就要徹底禁止人類思考。這既無法實現，甚至有違上帝的意願。

其次，笛卡爾懷疑一切，也稱為普遍懷疑，這又與希臘式的針對某事不同。可以想像，像蘇格拉底那樣的提問危害有限，而笛卡爾的懷疑則危害很大。笛卡爾為自己設定的原則是：「我絕不接受我不確定的東西為真。」這話乍聽起來跟沒說一樣，但細想一下，符合條件的事物少而又少：不僅物質、感覺不行，君王、權威不行，人類的大部分知識、道德也不行，甚至威脅到了神聖的上帝。

可恨的是，你禁止不了它，又駁不倒它！

經過笛卡爾一點火，哲學的思維就重新燃燒了起來。

🌑 我思故我在

再看看為什麼說笛卡爾開創了近代心理學。

要知道，笛卡爾心理學理論眾多，其中最重要的兩點：一是我思故我在，二是身心二元論。笛卡爾是如何得出這些理論的呢？

——還是懷疑。

先說「我思故我在」，這是笛卡爾在火爐體驗後得出的第一個結論。對心理學的意義在於，**它開始了一種思維方式——理性的方式**。理性到最後，連這句話本身也值得懷疑，後來的哲學家們挑出來「我

思故我在」的不少毛病，康德（Immanuel Kant）、羅素（Bertrand Russell）質疑它語法有問題，休謨（David Hume）、海德格爾（Martin Heidegger）質疑它語義有問題。但瑕不掩瑜，在笛卡爾時代它已足夠理性。

更大的意義在於，**它開始了一種研究方法——內省法**。什麼叫內省法？這也是心理學中繞不過去的詞：意思是向內審視自己的意識。其中向內審視是內省的動作，包括懷疑、反思、覺知等。而自己的意識是內省的對象，包括感覺、思維、情緒等。笛卡爾這麼一內省，就發現「認識從何而來」很成問題，於是引出了近代心理學的不同流派。

● 身心二元論

除了「我思故我在」，笛卡爾提出的另一個重要的心理學理論是「身心二元論」。這話乍聽起來也跟沒說一樣：誰不知道身體是身體、心靈是心靈呢？

其實不那麼簡單。

我們要理解什麼是「身心二元論」，就要先理解什麼是「身心一元論」。主要有兩種一元論：

一種是唯心論。以宗教的靈魂不朽為代表，認為精神是永恆的，因此物質從屬於精神，物質規律服從精神規律，是為「精神一元論」。

另一種是唯物論。以近代科學為代表，認為物質是永恆的，因此精神從屬於物質，精神規律服從物質規律，是為「身體一元論」。

請注意這裡話中有話：

「身心一元論」並非「身心一樣」，那這樣還值得反駁嗎？相反地，它說的是：身與心，一種從屬於另一種。

同樣，「身心二元論」並非「身心兩樣」，那這樣還需要證明嗎？相反地，它說的是：身與心，互不從屬！

　　不僅從內容上看不簡單，從結果上看也不簡單：無論在笛卡爾之前，還是在笛卡爾之後，占思想界主流的都是一元論，並非二元論。這意味著無論從古人的角度看，還是從後人的角度看，笛卡爾的「身心二元論」都非常另類！當然，以笛卡爾的高智商，我們相信他一定另類得有理由。

　　笛卡爾也未重啟希臘式的「二元論」。柏拉圖雖然曾經提出過「二元論」的理論，卻從未提供過依據。而笛卡爾提供了依據，他透過「火爐實驗」判斷：

　　第一，心靈和身體表現出不同的性質。心靈是無形的，且無法懷疑的；而身體是有形的，且可以懷疑的。既然性質完全不同，那誰也不能從屬誰。

　　第二，心靈與身體也遵循不同規律。身體遵循自然規律，像機器般不自由；心靈遵循自由意志，是完全自由的。既然規律完全矛盾，那誰也不能服從誰。

　　重要的是，以上依據並非來自猜想，而是來自體驗。猜想可以反駁，體驗如何反駁？只能解釋。唯一的解釋是：既承認身體的性質，也承認心靈的性質；既分開身體的規律，也分開心靈的規律。

　　這就是笛卡爾提出「身心二元論」來取代「身心一元論」的理由。理由看似充分，實際矛盾！問題在於：根據「身心二元論」，身心如何工作呢？

　　我們先看看笛卡爾的說法。

　　——笛卡爾解釋了身體：身體像機器一樣，是有形而不自由的。他曾經寫過一本《動物是機器》的書，指出所有動物的身體都是機器，包括人的身體在內。

　　——笛卡爾解釋了心靈：心靈來自上帝，是無形而自由的。他只同意身體是機器，不同意人是機器，因為人除了身體，還有心靈。

　　——甚至，笛卡爾解釋了身心驅動的機制：受到皇家花園中液

壓原理的啟發，他想像人的「神經壓力」從頭頂傳向四肢，從而驅動四肢。

——甚至，笛卡爾解釋了身心連接的地方：「神經壓力」的源頭在松果體，那裡存在著身心連接的神祕機制。

笛卡爾的「身心二元論」好像能自圓其說：心靈到松果體、松果體到神經、神經到身體，身心不是在工作嗎？

問題出在最後一個環節——松果體的機制不明：如何解釋無形的精神化為有形的物質呢？又如何解釋兩者互動得如此完美呢？打個比方吧，我命令自己舉手，按說這違反了自然規律，手本應沿重力下垂才對，卻被精神驅動向上了。沒有時間差、沒有空間差，百試百靈！如何解釋？

笛卡爾很難解釋，只好請出了上帝：松果體中的神祕機制來自上帝，是上帝化無形為有形，是上帝讓我們的身心完美互動。這種解釋等於沒解釋！因為靠上帝才行，那還能算解釋嗎？

「身心二元論」的另一個問題是，與笛卡爾自己的原則矛盾。

如果我們堅持普遍懷疑原則，那麼身體值得懷疑、思維不容懷疑，因此應該堅持以心靈為起點的「心靈一元論」才對吧？

笛卡爾又一次很難解釋，只好又一次請出上帝，做了更離奇的論證。可以理解的是：做為科學家，他不希望否認物質；做為哲學家，他不希望否認精神；做為信徒，他不希望否認上帝——而這一切，根據他自己的原則，都值得懷疑！

我們甚至可以說：「身心二元論」完全經不起推敲。

說來奇怪，「**經不起推敲**」正是「**身心二元論**」的獨特魅力。

首先，它為心理學提供了一種獨特的思路。現今的思路是用科學的法則解釋生命，而古代的思路是用上帝的法則解釋生命。唯有「身心二元論」用一種生命包容兩種法則，雖說不常見，但誰能說不是另闢蹊徑呢？

其次，它為心理學提供了一個爭論的模型。爭論的焦點在於我們如何才能認識世界。由此引發一些討論：什麼是知識的來源？什麼是真理和真相？自己的感覺是否真實？自己的知覺是否真實？別人感覺與知覺是否真實，甚至是否存在？……更不用提身心如何互動。與其說笛卡爾提出了身心二元論，不如說他揭示了身心的矛盾，大家都覺得矛盾，但至今仍無法拋棄。

更重要的是，它很可能最接近真相。事實是：身體存在，心靈也存在；身體有身體的規律，心靈有心靈的規律。雖然我們無法回答「身心如何互動」的問題，但無法回答不表示這不是真相。

在我看來，「身心二元論」是理性天才留下的非理性悖論：身心兩種性質、身心兩種規律，本來應該矛盾，笛卡爾卻讓它們在一個生命體內共存無礙，這是什麼道理呢？毫無道理。我只能說：**或者上帝本來就不可思議，或者生命本來就不可思議！**

以上是笛卡爾被稱為近代哲學和心理學開創者的原因——顯然他當之無愧！

🔵 宗教的分離

從更廣闊的背景來看，笛卡爾的懷疑，只不過順應了時代的呼聲。

那是一個怎樣的時代？

按照西方歷史學家們的慣例，歐洲近代史從西元一五○○年左右以地理大發現為標誌開始，到十九世紀晚期以工業革命為標誌結束。在中國，這大致對應著明清兩朝，照理說明清不算中國歷史上最差的王朝，但歷史要對比著看才有意義：當我們還陶醉於某某盛世之際，歐洲卻發生著一連串影響深遠的變革。

簡單地描述這些變革就是：十五、十六世紀文藝復興和大航海時代，十七世紀的科學革命和宗教改革，十八世紀的啟蒙運動和工業革

命，到十九世紀的工業革命完成時，歐洲已經占領了除中國之外的世界大部分地區。

隨著這些目不暇接的變革，歐洲人的物質生活在改變，歐洲人的精神世界也在改變──

人類對宇宙的看法不同了：過去人們認為地球是宇宙的中心，哥白尼（Nicolaus Copernicus）和伽利略（Galileo Galilei）讓人們認識到宇宙之大遠遠超出想像──地球不是太陽系的中心，太陽不是銀河系的中心，銀河也不是宇宙的中心。

人類對世界的看法不同了：過去人們認為人類侷限於歐亞大陸，哥倫布（Cristóbal Colón）和庫克（James Cook）讓人們認識到還有新大陸和澳洲。

人類對自然的看法不同了：過去人們認為萬物都是已經被造好的，達爾文讓人們認識到我們仍在不斷進化之中。

人類對社會的看法不同了：過去人們認為君權神授，洛克（John Locke）、盧梭（Jean J. Rousseau）、伏爾泰（Voltaire）卻紛紛宣傳主權在民。

人類對自己的看法不同了：過去人們認為自己很渺小，而科學技術讓人們認為自己可以改變一切。

歷史學家房龍寫道：「很多人雖然沒有說出來，但心裡的想法卻發生著變化。」

──對原有信念的懷疑。

所以說，笛卡爾的懷疑雖然只是歷史潮流中的一環，卻有火上澆油的功效──它為所有懷疑提供了理性的依據。當人們的懷疑不僅被事實印證，而且變得有理有據的時候，就演變為一種理性主義的思潮。

一邊是理性的衝擊，一邊是宗教的潰敗。

歐洲有漫長的宗教歷史，宗教勢力原本無比強大。這是由於基督教在羅馬帝國後期變成國教，成為思想上的正統。而羅馬帝國消失後，

中世紀的基督教更控制了歐洲的大量資源：所有人進天堂的鑰匙、大量的土地和稅收、歐洲最優秀的人才、歐洲封建領主的合法性等。既控制了思想又控制了資源，基督教就「統一並統治」了歐洲長達一千多年之久。如此牢固的地位，如何會動搖呢？

基督教之所以能控制上述資源，原因在於教會。與其他任何宗教相比，基督教教會可謂組織最嚴密、管理最高效。但到十六世紀，教會發生了變化。簡而言之，由於馬丁‧路德（Martin Luther）的宗教改革——實際是對羅馬教廷造反——基督教分裂為新教和舊教。新教以北歐洲為中心，舊教即天主教以羅馬為中心，再加上以俄羅斯為中心的東正教，原本鐵板一塊的基督教世界，現在一分為三。

分裂的後果很嚴重。教會逐漸失去了原有的資產，更糟糕的是失去了人們的信心。新教攻擊天主教，天主教攻擊新教，兩者都攻擊東正教，卻讓老百姓看到了所有教會的弱點。

內部基礎的動搖加上外部理性的衝擊，都讓基督教大不如前。但在很長一段時間內，上帝的地位仍無法置疑，因此理性與宗教的拉鋸戰仍持續了幾個世紀。直到了十九世紀末，哲學家弗里德里希‧尼采（Friedrich W. Nietzsche）一錘定音，他宣布：「上帝已死。」

這句口號固然有名，但其情感色彩遠大於實質內容，因為尼采不過宣布了幾個世紀中逐步發生的事實而已。更有意義的是尼采的下句口號——「重估一切價值」。[22] 即包括信仰、道德、真理、哲學、科學在內都要重估——價值成其為價值，要先經得起檢驗。靠誰檢驗呢？上帝不在了，人類自己還在！

理性獲得了新生。

● 哲學中的心理學

宗教的心理學死了，理性的心理學活了。

　　從笛卡爾開始，與心理有關的話題就集中到一點：我們該如何認識世界？

　　這與希臘哲學家們關心的問題——什麼是世界的本源？——很不同，以至於在哲學史上被稱為從存在論到認識論的轉向。轉向的原因不難理解：如笛卡爾懷疑的那樣，我們的認識即知識的來源都不可靠，知識本身又從何談起？

　　深究我們頭腦中的認識從何而來，就會發現三種可能：一，心靈；二，感覺；三，物質。舉個例子吧，各位知道火爐是熱的，但各位怎麼知道的呢？

　　一種說法是：我天生就知道火爐發熱，所謂「火爐」和「熱」都是心靈的衍生物。這就是可能一，認識源於心靈。

　　另一種說法是：我被燙過或被燙著，所謂「我」和「火爐」都是感覺的衍生物。這就是可能二，認識源於感覺。

　　再一種說法是：火爐本來就是燙的，所謂「我」和「熱」都是物質的衍生物。這就是可能三，認識源於物質。

　　上述三種說法都不排他，都可能是認識的輔助來源，但問題是：哪種最可靠？哪種是根源？

　　這一問就各說各有理了，結果演變出當時三種主要的心理學理論。各位不妨這樣理解：認識來源的三種可能——如果排成一條直線——心靈在內、感覺在中間、物質在外，正好對應心理學的三個立足點。

　　「心理」的來源：心靈——感覺——物質。

　　第一種是唯理論——立足於心靈。

　　笛卡爾雖然提出了「身心二元論」，但他又以「我思故我在」為依據，在身心之間更傾向於「心」。他把認識的來源歸於「天賦觀念」（innate ideas，也稱內在理念），就是那些天生清楚的、不證自明的觀念。比如，上帝與我就屬於這種觀念。再如，幾何與數學的基本概念也符合要求，笛卡爾說，即使在夢中，自己也知道三角形還是三角

形，一加一還是等於二。又如，矛盾律、同一律、接近率等基本邏輯也天生清楚、不證自明。自笛卡爾以降，歐洲大陸的哲學家斯賓諾莎（Baruch Spinoza）、萊布尼茨（Gottfried W. Leibniz）都以「天賦觀念」為認識的起點，這一學派被稱為哲學上的「唯理論」。

「天賦觀念」是如何衍生出思想的呢？唯理論認為還有一種天生的能力推動著心理過程：天賦觀念受到外部感覺的刺激，形成了初級觀念；初級觀念再經過邏輯推演，形成了我們的知識。顯然，唯理論並不否認物質與感覺的存在，只不過認為它們是輔助因素，不如天賦觀念那樣可靠罷了。

要說唯理論有什麼問題，那就是：如果質疑「天賦觀念」從何而來，恐怕只能歸功於上帝——這當然算不上徹底理性，因此對心理學的後續發展作用不大。

第二種是經驗論——立足於感覺。

與唯理論學派隔海相望的，是以洛克、貝克萊（George Berkeley）、休謨為代表的英國學者，在身心之間，他們既不偏身，也不偏心，而強調身心之間的感覺。這一學派繼承亞里斯多德提出的「一切知識來源於感覺經驗」的說法，將之系統化為理論，在哲學上被稱為「經驗論」。

關於認識的來源，經驗論與唯理論針鋒相對，否認「天賦觀念」的存在。洛克形容「心靈是一塊白板」，這塊白板上原本沒有內容，後天的內容完全源於感覺經驗。

經驗是如何形成思想的呢？經驗論也認為有一種天生的能力推動著心理過程：從感覺經驗出發；形成了簡單觀念；簡單觀念經過邏輯組合形成了複雜觀念；以此類推形成了更複雜的觀念，即我們的知識。顯然，經驗論也承認物質的存在和人有一些天生的東西，只不過認為感覺經驗最可靠罷了。

要問這種天生的能力從何而來，經驗論會解釋說它就是人類大腦

主動聯想的能力（可以但無須解釋為上帝）。打個比方吧，大腦能像堆積木那樣，把感覺與簡單觀念組合為知識，既主動又自動，這就是聯想。洛克表述了三種聯想方式：接近、比較、抽象。休謨修改為：接近、比較、因果關係。因此哲學上的經驗論，在心理學中也被稱為「聯想心理學」。

第三種是唯物論——立足於物質。

說實話，當時沒有人把唯物論當成心理學。首先，它否認心靈的獨立性，讓人難以想到「心理」二字；其次，它對宗教人士而言，侵犯了上帝的權威；最後，它對理性人士而言，又經不起「我思故我在」的推敲。

不過後來的發展證明，唯物論確實與心理學有關。先是笛卡爾寫過一本書，叫《動物是機器》，因此笛卡爾又奇蹟般地被唯物論者奉為鼻祖；之後法國哲學家拉美特利（Julien Offray de La Mettrie）寫了另一本書，叫《人是機器》；再往後，人的機械模型被改為了神經模型，唯物論就沿著神經生物學的方向繼續了下來。

在身心之間，這一學派傾向於「身」，即從純物質的角度解釋一切。物質是如何衍生出思想的呢？神經生物學認為，外部世界刺激了身體，身體的神經做出反應，中間發生了某種名為「意識」的機制。顯然，唯物論承認感覺和心靈的存在，只不過認為它們是物質的衍生物罷了。

別小看唯物論，最終它將以最科學的身分一統天下。

總結這一時期的心理學，我們稱其以理性為特徵是有原因的：

從性質上講，懷疑取代了盲從。唯理論、經驗論、唯物論都在延續笛卡爾的懷疑，只不過懷疑的對象不同罷了——唯理論懷疑物質與感覺，經驗論懷疑物質與天賦觀念，唯物論懷疑感覺與天賦觀念。

從立足點上講，人取代了上帝。唯理論、經驗論、唯物論都立足於人，只不過位置不同罷了——唯理論立足於心靈，經驗論立足於感

覺，唯物論立足於物質。因此毫不奇怪，它們都以宗教為敵。

　　從方法上講，內省取代了信仰。唯理論、經驗論、唯物論都產生於哲學家的頭腦，它們都依賴感覺與思考，即內省法。

　　結果，心理學的範圍大大縮小了。回想下原始的心靈道理包羅萬象：巫術、神話、宗教、哲學。進入城市文明後，巫術和神話大為減少了，心理學只剩下了宗教、道德、哲學。隨著理性的衝擊，宗教又分離了出去。心理學只剩下了道德和哲學。[23]

　　「**廣義心理學**」進化為「**理性的心理學**」，可喜可賀。但革命才剛剛開始。

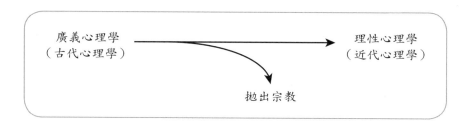

4. 科學的衝擊，實驗活了

—— 第二次重大轉向暨現代心理學的誕生

繼理性的衝擊後，心理學迎來了一次更根本性的變革。

🔘 馮特的實驗

一八七九年，在德國萊比錫大學孔維特樓，一位表情嚴肅的教授主持了一項實驗。

在房間的一側，一位實驗員讓小球落地；同時在房間的另一側，另一位實驗員只要一聽到小球的落地聲，就立即按下按鈕。儀器會自動記錄落地與聽覺之間的時間差。

主持這次實驗的教授名叫威廉·馮特，被公認為是現代心理學的開創者。而馮特實驗的所在地孔維特樓，被認為是世界上第一個心理學實驗室，今日已經成為全世界心理學家的朝聖之地。

我們要問：憑什麼要給馮特如此之高的榮譽呢？

通常的說法是「實驗」。

今天馮特心理學的諸多內容都已過時，唯有他的「實驗」仍熠熠生輝。只要各位去大學拜訪，就會發現現代心理學家的主要工作仍是實驗。

放到一百年後看，馮特的實驗實在太不起眼——現在隨便哪一所大學的研究生，實驗都做得更複雜、更精確。但歷史上具有劃時代意義的，往往不是後來的更複雜、更精確，而是最早的第一次。

確切地講，馮特把自己的方法稱為「內省加實驗」，它真的是第

一次嗎？我們還是核實下為好。

首先，「內省」一詞並不新鮮，從笛卡爾的火爐體驗，到唯理論的天賦觀念，到經驗論的聯想心理學，都是內省的結果。

其次，「實驗」一詞也不新鮮，在馮特之前，近代物理學、化學、生物學、醫學已經進行了幾百年的實驗。

那「內省加實驗」呢？之所以這麼問，是因為有人說馮特之前的哲學家全憑個人判斷內省，而馮特的不同在於以實驗的形式對內省進行了測量。聽起來有理，其實這也不新鮮。因為早在馮特之前，德國的神經生理學及「心理物理學」就已成氣候：亥姆霍茲（Hermann von Helmholtz）、韋伯（E. H. Weber）、費希納都測量過感覺，都發表過實驗結果，也都一定有過類似馮特的實驗室原型。

看來通常的說法不完全正確：內省也好，實驗也好，內省加實驗也好，都算不上第一次。那麼馮特的功勞何在呢？

——馮特的功勞不在於實驗本身，而在於對實驗的引申。從這個意義上講，通常的說法（實驗）也不完全錯誤。對比一下就會發現，馮特之前的生理學家，雖然成果早於馮特，但並沒看出實驗、心理學、科學有何必然的聯繫，而馮特雖然做的是類似的實驗，卻認為實驗、心理學、科學之間有不可分割的聯繫。

首先，馮特把現代心理學與實驗聯繫起來，引申出第一點：**現代心理學以實驗為基礎**。這「廣而化之」了現代心理學的方法。

接著，他又把現代心理學與科學聯繫起來，引申出第二點：**因為以實驗為基礎，所以它是一門科學**。這「廣而化之」了現代心理學的性質。

加起來，**馮特明確了現代心理學的定位：實驗與科學**。這才是具有劃時代意義的第一次！

🌑 馮特的貢獻

我知道讀者未必聽說過馮特。此君在心理學外並不出名，但在心理學界內卻大名鼎鼎，內外差別如此之大，原因何在？恐怕都在「專注」二字。馮特從未超越心理學，只因他全部獻身於心理學。你看：

馮特不僅為現代心理學做了定位，還為新定位做了大量宣傳。他的著作浩瀚，號稱迄今為止產量最高的心理學家。在書中，他一再描述新舊心理學的不同在於「實驗與科學」。

馮特不僅自己宣傳，還培養了大批學生一起宣傳。馮特在萊比錫大學設立心理學實驗室的消息一傳開，歐美主要大學紛紛效仿。這些新興心理學實驗室的主持者——鐵欽納（Edward B. Titchener）、詹姆斯、閔斯特伯格（Hugo Münsternberg）、霍爾（Granville S. Hall）、卡特爾（Raymond Cattell）等——都是馮特的學生，或馮特學生的學生。

馮特用自己的精神感染了一代心理學家。接觸過馮特的人都對其專注印象深刻，形容他為「一個不知疲倦的工作者」（霍爾），「缺乏幽默、不知疲倦的人」（鐵欽納），「愛迪生所描述的百分之一的天才加上百分之九十九的汗水的那種類型」（米勒），「知識界的拿破崙，一個沒有天賦的拿破崙」（詹姆斯）。[24]

除了上述對馮特一般的介紹，我還希望另外做些補充。原因在於，如果把馮特的功勞僅僅描述為實驗、定位、宣傳，我認為那就小看了他——各位難免覺得他太順利也太幸運。比如，當初本人就曾不以為然地想：隨便誰在一百年前宣傳「心理學是實驗科學」，不都成為現代心理學的創始人了嗎？後來讀到榮格的書，[25] 我才理解，馮特克服了諸多障礙才變得幸運。

首先，有來自思想上的障礙。當時的主流意見與馮特後來宣傳的恰恰相反：心理學不可能成為一門科學。理由是：

第一，意識是主觀的，無法像科學要求的那樣客觀。法國哲學家

孔德（Auguste Comte）認為，意識無法觀察意識，除非把它一分為二，但這實際是不可能的事情。

第二，我們不可能完全認識自我。德國哲學家康德認為，人類的認識能力有限。人類只能認識現象，無法認識真相，包括自我的真相。

上述理由如此有力，以至於難以反駁。[26] 所以可以理解：**在馮特之前的相當長時間裡，關於心理學成為一門科學這件事，倒不是沒人考慮過，而是沒人認為可能！**

馮特是如何克服這種思想障礙的呢？

馮特深知無法回答，因而選擇了擱置。以什麼理由擱置？馮特說：「心理學只能從已知到未知。」當時何為已知，神經科學可以實證；當時何為未知，哲學思辨無法實證。因此馮特的「從已知到未知」，就是不再走從哲學到心理的老路，而踏上從生理到心理的新路。馮特可謂聰明之極！誰說他是「沒有天賦的拿破崙」呢？

除了思想上的障礙，還有來自方法上的障礙──如何實證心理。

具體來說，一是如何觀察，二是如何測量。對於現象和行為來講，觀察和測量都不成問題；但對看不見摸不著的意識，觀察和測量都成問題。

馮特乾淨俐落地回答了問題：

關於如何觀察，答案是「內省」──內省法讓我們觀察意識。

關於如何測量，答案是「實驗」──實驗法讓我們測量內省的結果。

這樣馮特才一錘定音。（他就是心理學界的拿破崙！）

現代心理學獲得了新生。

🌐 科學的衝擊

我們講完了馮特，還要跳出馮特──看看時代的背景。

如果各位翻開一本心理學史的教材，讀到「某年某月某日某人做

了個實驗，現代心理學就此誕生了」，難免以為整個現代心理學是一次孤立事件，馮特實驗更是偶然中的偶然。這就是為什麼本書講心理學不願從馮特，而寧願從原始人、從笛卡爾講起的緣故。事實上，現代心理學是整個心理學的一小部分，而在現代心理學中，馮特實驗更是科學思潮中的必然。

請想想：馮特為什麼要做實驗？

由於科學的潮流。隨著工業革命，舊的世界已經被徹底改造，科學的力量震驚世人。再隨著「重估一切價值」，舊理性已經不夠理性，科學才算真理性。當科學變得既有用又有理的時候，就形成了衝擊社會的新潮流。

再想想：馮特為什麼能做實驗？

由於科學的基礎。在馮特之前的一個多世紀，神經科學暗示了另一條思路：心靈無法觀察，神經卻可以觀察──不僅神經腺體可以被解剖，而且神經反應可以被測量。如果回憶下本章開頭，馮特的實驗就是在測量聽覺神經反應的時間。因此有人說「生理學是現代心理學的母親」，此話同樣不假：最早的實驗心理學家都出身於實驗生理學，這就為心理學奠定了人才、經驗和設施的基礎。

最後想想：馮特實驗後為什麼在心理學界一呼百應？

因為有了科學的思潮和科學的基礎，心理學家就有了共同的夢想──讓心理學變為一種科學，從哲學中分離出來。

哲學的分離

但光靠夢想不夠。因為，此前哲學和心理學相依為命了幾千年，現在哲學拋棄心理學、心理學拋棄哲學，總該有個說法吧？

說法來自科學的定義。

說來奇怪，科學雖然很早就出現──先有科學的事實，後有科學

的方法──卻很久沒有清晰的定義。直到科學成為社會潮流，定義的任務才變得緊迫起來。

有人會說：科學還需要定義嗎？科學就是自然規律啊。請這位朋友再想想：科學以自然規律為標準不假，但哲學中也有自然規律的論證，宗教中也有自然規律的描寫，那科學、哲學、宗教三者該如何區分呢？

──實證。

實證也叫證實，即理論被經驗驗證。廣義上講，任何經驗──不管實踐來的經驗，還是觀察出的經驗；不管主觀經驗，還是客觀經驗；不管個別經驗，還是普遍經驗──都可以驗證理論，都屬於實證。

不過現實地講，實證最容易的方法就是觀察，而觀察最容易的方法就是實驗。比如，馮特曾經評估過社會觀察、問卷調研、個例訪談等各種方法，考慮到可重複性和可操作性，他以實驗法為實證的首選。在馮特看來，實驗就是實證，儘管在其他人看來，實證還有其他方法。

但實證的方法古已有之，顯然本身不足以讓哲學與心理學分離。更有殺傷力的是「為什麼要實證」，即實證主義。

請各位不要被「主義」兩字嚇倒，實證主義不過是關於實證的學說，它有兩個主要論點：

首先，實證才科學。這為馮特那個時代明確了科學的定義：能實證的就是科學，不能實證的就不是科學。

其次，實證才有意義。這為馮特那個時代明確了科學的地位。實證主義的創始人、法國思想家孔德把知識劃分為神學、玄學、科學，並且限定：

- 前兩類知識不能實證，屬於人類思想的早期階段。比如上帝是否存在、世界有無界限等神學與哲學命題。
- 後一類知識能實證，是人類思想的進化階段。比如，牛頓定律、因果關係等科學命題。

至於何為進化、何為落後，另一位哲學家馬赫（Ernst Mach）從經濟學角度做了補充：

- 能實證的命題，才值得花精力思考。
- 無法實證的命題，花精力思考等於浪費。

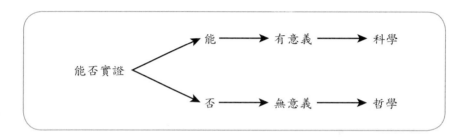

一邊是科學的進攻，一邊是哲學的退卻。

讓我們看看實證主義的殺傷力：

第一，按照玄想與實證，哲學必須與科學分離。

第二，按照落後與進步，哲學必須讓位於科學。

這樣看來，哲學家們不是在自取滅亡嗎？

沒錯。自從實證主義占據主導地位之後，近代哲學開始自覺自願地與科學分裂，從此一分為二：

第一部分，能夠實證的分離了出去，如物理學、化學、生物學、醫學等，形成了現代科學。

第二部分，不能實證的保留了下來，如存在的問題、認識的問題、道德的問題、語言的問題等，形成了現代哲學。

依據實證主義的劃分，馮特實驗不僅只是實證，而是迫使心理學在科學與哲學之間做出選擇，從此也一分為二。在這種背景下，心理學從哲學的大家庭中分離了出去。或者反過來講也未嘗不可，哲學從心理學的大家庭中分離了出去。如果說「哲學是心理學的父親」，這

位偉大的父親用近乎自殘的方式成就了自己的孩子。

科學中的心理學

哲學的心理學死了，科學的心理學活了。

繼馮特之後，興起了四種不同流派的現代心理學。我們分別簡單介紹如下。

I. 鐵欽納的元素心理學

鐵欽納是馮特的學生，直接繼承並發展了馮特的體系。馮特認為：「對意識進行準確描述是實驗心理學的唯一目標。」但鐵欽納發現：意識是一個連續複雜的過程，並不容易測量，相對容易測量的是意識的元素。因此，這一學派被稱為「元素心理學」或「構建心理學」。

相應地，鐵欽納細化了什麼是元素、什麼是構建。馮特也曾提到這兩個概念，但只說心理包含元素、元素可以構建，而鐵欽納則明確為：基本心理元素包括感覺與感受，心理構建就是相加的關係。

在方法上，元素心理學透過內省實驗測量心理元素，基本延續了馮特的方法。

II. 詹姆斯的應用心理學

威廉·詹姆斯在心理學界的影響力不如馮特，但他在心理學外的影響卻超過馮特。對兩位心理學大師，我懷有兩種不同的敬重：既敬重前者的專注，也敬重後者的不專注。

先說明一下詹姆斯對心理學的貢獻。

在心理學理論上，詹姆斯反對「元素心理學」，基於兩點理由。

第一，他認為與其研究心靈有哪些元素，不如研究心靈有哪些功能。這是因為詹姆斯強調心理學的實用性，反對馮特將現代心理學定

位於學術研究，認為心理學應該向世人證明其實用價值。因此，這一學派也被稱為「功能心理學」（functional psychology）。

五花八門的應用心理學就此開始。心理學被應用到診所、公司、軍隊、法庭、學校、幼稚園。最終它所證明的實用價值如此之多，以至於被引申到星座、算命、看相術和讀心術。這當然令心理學家十分惱火。

第二，詹姆斯認為心理是動態的，不是靜態的，因此無法分解為元素。他在《心理學原理》中寫道：意識不是銜接的東西，它是流動的，形容意識最自然的比喻是河或流。此後我們說到意識的時候，讓我們把它叫做思想流，或意識流，或生活之流。27

在心理學方法上，詹姆斯認同馮特的科學定位，並定義心理學為「精神生活的科學」。因此，他雖然不喜歡實驗，但還是聘請了馮特的學生閔斯特伯格，主持自己在哈佛大學的實驗室。

心理學之外呢？

在文化領域，詹姆斯的意識流曾引領風潮，一時間，小說、話劇、電影紛紛按照意識流的順序來寫。所謂意識流的順序，說白了就是不按正常順序——既非正常時間，亦非正常空間——據說按照「心理順序」。諸位不妨這樣理解：既然心理是一種流體，那麼它可能順流，也可能逆流，更可能亂流。如電影《2020》中的結束語：「記憶消失於時間，如眼淚被雨水帶走。」難怪我們看不懂，又覺得很有境界。這就是意識流的境界！

在哲學領域，詹姆斯是「實用主義」學派的創始人之一，他的名著《實用主義》是作者讀到的概念最多卻修飾最少的哲學著作。

在宗教領域，詹姆斯常常被人紀念為一名「理性的神祕人物」，他的另一著作《宗教經驗種種》至今仍為暢銷的靈性讀物。這位心理學大師始終沒有在理性與神祕之間做出選擇，這就是我說他不專注的理由，儘管是褒義的不專注。

III. 格式塔心理學

所謂格式塔（gestalt），在德文中是整體的意思，也被稱為完形心理學。

在理論上，這一學派也反對「元素心理學」，認為心理元素相加並不能得出心理整體。即整體不能被分解為元素，整體也不等於元素相加。我讀過一個很好的類比：當聽到海浪拍擊海岸的聲音，感覺不到每個水滴，但事實上，每個水滴都發出了聲音，當組合在一起時，海浪形成了整體的轟鳴。

在研究方法上，格式塔心理學也採用「實驗加內省」，只不過馮特觀察的是個別意識，格式塔觀察的是整體意識而已。

IV. 佛洛伊德的心理學

幾乎與馮特同時，西格蒙德·佛洛伊德也出現在心理學界。可與學院心理學家相比，佛洛伊德如同一條若隱若現的平行線：他不在大學，而在診所；他不做實驗，而做治療。另外，他有理論和應用，而沒有研究。尤其是他與詹姆斯類似，對心理學外的影響超過對心理學內的影響。

具體到應用中，即使思想如天馬行空的佛洛伊德，也認為自己在從事科學。他的學生霍妮解釋說，佛洛伊德受那個時代的影響，自己又受過醫學訓練，始終對科學抱有一種神聖的使命感。[28]

帶著這種使命感，佛洛伊德一直按「實證」要求治病：他以病人在躺椅上的談話為實證，以病人對醫師的回饋為實證，並相信科學家會在人體找到「本能」的實證——那種被後人稱為荷爾蒙的物質。

總結這一時期的心理學，我們稱其以科學為特徵是有原因的：

從性質上看，上述四種心理學學派都延續馮特的口號——現代心理學是一門科學。

從方法上看，它們都採用實證的方法——以意識為對象，或在實

驗中實證意識，或在治療中實證意識。

　　從結果上看，心理學的範圍進一步縮小了。按照科學的定義，不僅哲學不能實證，道德也同樣不能實證。因此，心理學繼革除了神話、宗教之後，又革除了哲學、道德，[28] 現在只剩下了科學。

　　「理性的心理學」進化為「科學的心理學」，革命成功了！不過令人意外的是，革命還要繼續。

5. 行為的衝擊，心不見了

—— 第三次轉向及行為主義的輝煌

到了二十世紀二〇年代，現代心理學遇到了第三次重大的衝擊。

🔘 華生的觀察

這次衝擊的主導者，是一位名叫約翰・華生的心理學家。

一九二〇年，華生進行了一次不起眼卻具開創性的實驗。他先做了一些準備工作——挑選了一名叫阿爾伯特的九個月大的小孩為實驗對象，並確定了兩個前提：第一，小孩天生害怕聲響；第二，小孩天生不害怕動物，如蛇、白鼠、猴子、狗。

在準備結束後，華生進行這樣的實驗：

每當小阿爾伯特伸手去摸白鼠的時候，就讓人在小阿爾伯特背後發出巨大的聲響，小阿爾伯特每次都表現出驚恐的樣子。實驗每週一次，重複到第七週時，小阿爾伯特再見到白鼠出現，即使沒聽到聲響，也會嚎啕大哭、轉身逃去。實驗繼續下去，小阿爾伯特對一切類似白鼠的東西，如白玩具、白帽子均表現出驚恐。華生的結論是：人的行為可以後天塑造。

這裡的關鍵字是：人的行為。

要理解華生的實驗開創性在哪裡，必須把「人的行為」拆開來看才行。

先說為什麼其中「人」是關鍵。因為要說動物的行為，那麼在華生之前，動物實驗早就盛行了。

最重要的動物實驗來自伊萬・巴甫洛夫（Ivan P. Pavlov）。我們從中學課本中就學過，巴甫洛夫是一位俄國生物學家，一九〇四年因發現條件反射獲得了諾貝爾生理學獎。

在開始他最著名的實驗前，巴甫洛夫也先做了一些準備工作 —— 設計了一個可以觀察狗唾液分泌的裝置，並也確認了兩個前提：第一，每次進食時，狗的舌頭就會自動分泌唾液，巴甫洛夫稱之為「非條件反射」，我們體檢時的膝跳反射就屬此類；第二，每次搖鈴，狗的胃部並不分泌黏液。

在準備結束後，巴甫洛夫這樣進行實驗：

如果把兩種刺激聯繫在一起 —— 每次餵食前搖鈴，那麼重複幾十次後，即使光搖鈴不餵食，狗的舌頭也會開始分泌唾液。唾液與搖鈴本來無關，在實驗後才相關，該如何解釋這種後天建立起來的「相關」呢？

巴甫洛夫只能用「狗的心理」來解釋：狗的神經系統中建立了一種新的連接，連接了本來無關的鈴聲與唾液。這種後天建立的神經反應叫做「條件反射」。

照理說巴甫洛夫的實驗對心理學意義重大：環境連接意識與行為 —— 它們可是現代心理學的兩個關鍵字 —— 那為什麼巴甫洛夫從未自稱心理學家呢？很簡單，他的實驗對象是動物，不是人。

華生把這項實驗延伸到人類，證明了人類的行為也是條件反射的結果。這是**華生實驗與之前動物實驗的區別：人**。

再說為什麼「人的行為」中「行為」也是關鍵，因為要說人的意識，那麼在華生之前，馮特早做過意識實驗了。

華生為什麼要把意識轉移為行為呢？

這要從馮特之後的心理學家對內省法的不滿說起。馮特採用的是「內省加實驗」法，其中實驗法沒有爭議，而內省法則很有問題。問題在於內省的對象是感覺，不僅每個人感覺到的不同，而且即使同一

個人，今天與明天感覺到的也不同。更別提在人類的所有意識中，感覺還算最容易內省的一種，其他如情緒、動機等高級意識，就更難準確內省了。

馮特不知道這個問題嗎？當然知道。但一是苦於沒有更好的辦法，馮特只能培訓實驗者感覺更敏銳；二是內省法也並不為錯，實驗是從外部實證，內省是從內部實證。正因為如此，不僅馮特，而且鐵欽納、詹姆斯、格式塔學派甚至佛洛伊德，都採用內省法。

隨著實證主義思潮的深入，原有的科學定義發生了改變，儘管仍然實證，愈來愈多的科學家要求嚴格實證。至少有三項標準：

第一，客觀性：客觀觀察而非主觀體驗。

第二，準確性：測量而非描述，並且每次只改變一個而非多個條件。

第三，普遍性：廣泛有效而非個案適用。

這就讓後來的心理學家意識到：馮特的心理學雖然自稱科學，其實還比不上其他科學。如物理學、化學、生物學、醫學，它們都觀察現象，因而是客觀、準確且普遍的。但馮特的心理學是觀察意識，因而是主觀、不準確且不普遍的。看來，馮特掉入了自己設下的陷阱：正因為他宣稱現代心理學是科學，後繼者才抱怨他不夠科學！

做為新的嘗試，華生轉而觀察小阿爾伯特的行為。這是**華生實驗與之前心理學實驗的區別：行為。**

因此在華生之前，既有動物實驗的基礎，也有意識實驗的基礎，華生的不同在於為心理學引入「人的行為」。這是行為心理學的開始，也是行為主義的開始。

🌑 行為主義

心理學歷史上的這第三次衝擊，與前兩次有明顯不同。

之前理性主義、實證主義對心理學的衝擊，分別來自社會思潮。

社會思潮改變了心理學,是常見的途徑,也是我們講解的次序。

而行為主義的衝擊,則發源於心理學內部,後來才演變為一種社會思潮。心理學改變社會,是不常見的途徑,所以我們要調整次序:先講行為心理學,後講行為主義。

什麼是行為心理學呢?

延續華生的實驗,行為心理學家進行了數不勝數的實驗,總結起來有簡單的兩個關鍵:

一是行為取代了意識,成為現代心理學的實驗對象。

二是觀察法取代了內省法,做為現代心理學的實驗方法。

簡單歸簡單,好處卻很明顯:

首先,觀察行為比內省法客觀。相對於自我感覺的主觀性,在行為實驗中,我們可以觀察協力廠商以增加客觀性。

其次,觀察行為比內省法準確。相對於感覺的多變數,在行為實驗中,我們可以每次只變動單一條件以增加可控性。

最後,觀察行為比內省法普遍。相對於感覺因人而異,在行為實驗中,我們可以透過更換實驗者以增加可重複性。

更客觀、更準確、更普遍,就符合了「嚴格實證」的要求。至此,心理學才變成無可置疑的科學。

還記得吧,當馮特宣稱心理學是科學的時候,不僅他的方法值得質疑,而且他並未回答,僅僅擱置了孔德和康德的質疑:一、意識是主觀的,無法客觀;二、我們不可能真實地認識自己。

華生回答了思想家馮特無法回答的問題,而且回答得乾淨俐落:一、意識是主觀的,行為卻是客觀的,於是孔德的質疑不成立了;二、我們無法認知自己的意識,卻可以認識別人的行為,於是康德的質疑也不成立了。我們不由得要為華生拍手叫好!

從此「現代心理學是科學」,拒不接受質疑!

接下來,什麼是行為主義?

　　同樣，請不要被「主義」兩字嚇倒，所謂「行為主義」就是關於行為的學說。這個主義比其他任何主義都簡單──它針對美國社會，而世界上沒有比美國人更喜歡簡單的了。

　　落實到具體，也是兩項：

　　第一，「人的行為可以塑造」意味著教育萬能。華生如此描述行為主義對教育的意義：它應該成為一門科學，為所有的人理解他們自己行為做準備；它應該使所有人渴望重新安排他們自己的生活，特別是為培養他們的孩子健康發展而做準備。[29]

　　第二，「人的行為可以塑造」意味著人人平等。華生如此描述人人平等的可能性：給我一打健全的嬰兒，並在我自己設定的特殊環境中養育他們，那我願意擔保，可以隨便挑選出其中一個嬰兒，把他訓練成我所選定的專家──醫師、律師、藝術家等，而不管他的才能、嗜好、傾向、能力、天資和他祖先的種族。[30]

　　教育和平等，是美國社會以及所有現代社會共同追求的目標。由於符合社會潮流，行為心理學演變為行為主義的社會思潮。

　　顯然，上述一切都與華生本人關係很大，我們甚至可以把行為主義的衝擊稱為「華生個人的衝擊」。

　　首先，華生擅長演講。在一九一三年的一次會議中，華生發表了題為〈行為主義者眼中的心理學〉文章，明確提出了行為主義的主張：

- 真正科學的心理學，應該放棄討論心理狀態，轉而預測與控制行為。
- 心理學是客觀的、自然科學的實驗分支。
- 內省法不是心理學的主要方法，其資料的科學價值與其能否被意識解釋無關。

　　華生的演講令與會者耳目一新，被後人稱為「行為主義」的宣言。[31]

　　其次，華生擅長公關。他很懂得「政治正確」。比如「人的行為

可以塑造」本來是個學術主張，但經過華生一宣傳，就變成了時代感很強的政治口號，讓美國社會為之一振，也讓全世界關注心理學。

最後，此君儀表堂堂、風度翩翩、談吐不凡，深受女性朋友青睞，不時鬧出點轟動緋聞，還為緋聞寫下深情的心理學告白，這都給行為主義帶來轟動效應。

華生並非我欣賞的那種深入思考的類型，卻是現代心理學中難得一見的宣傳家。可以說，他兼具了馮特的專注——在行為上很專注，及詹姆斯的不專注——在愛情上很不專注。

回到心理學界，社會上的轟動效應，反過頭來又衝擊了現代心理學內部。要知道，行為心理學原本只是眾多心理學流派中的一種，但是現在，它儼然成為現代心理學的代言人，開始決定現代心理學的走向了。

🥚 多餘的意識

一面是行為的進攻，一面是意識的退卻。

首先，意識變成了一件多餘的事。

說句公道話，行為心理學只說過「意識不客觀」，卻從未說過「意識不存在」。但我們都會問：既然存在，那總歸需要解釋意識吧？

未必，行為心理學家試圖不解釋。

華生的說法是：「行為來自於過去的經驗。」這句話等於說「行為產生了行為」，好像沒意識什麼事似的。另一位行為主義心理學家伯爾赫斯·斯金納（Burrhus F. Skinner）補充說：「對內在狀態的無視，不是說它們不存在，而是它們與功能分析無關。」

所謂與功能無關，舉個例子吧，好像我們打電話時，只管撥打電話，聽到聲音就行，何必關心電線如何傳輸呢？在行為心理學家眼中，我們的神經系統，正如兩部電話間的電線一般，至於中間有怎樣的神

祕機制，不知道也罷。

如果不解釋不行，還非解釋不可，那行為心理學家會告訴你：不妨把感覺、思維、情緒看作生理反應吧，這樣意識就變成了內部行為！

從不客觀，到不解釋，到意識也是行為，意識變得很多餘。

🌑 消失的意識

多餘到一定時間，意識也就消失了。

你會好奇：難道「意識類」心理學沒有反擊嗎？可以說它們即使反擊，也顯得有氣無力。因為現代心理學家都是講道理的人，而行為心理學的道理令人無法反駁。請看：

既然馮特證明了「心理學是科學」，既然華生證明了「行為最科學」，那兩個「既然」相加，必然得出結論：

第一，現代心理學的方向只可能是行為，因為它最科學。

第二，現代心理學的方向不可能是意識，因為它不夠科學。

雖然上面的話聽起來很生硬，但除非推翻馮特和華生，現代心理學別無選擇——只能照道理辦。

心理學家鐵欽納抱怨道：行為主義像一股巨浪吞沒了美國。[32] 這股巨浪捲走了現代心理學中與意識有關的大部分流派。

你看，鐵欽納繼承的元素心理學不見了。

你看，詹姆斯創建的功能心理學不見了。

你看，格式塔心理學不見了。

在十九世紀末心理學誕生之初，上述三種心理學派都曾各領風騷，現在它們卻都被公認為不夠客觀、不夠準確、不夠普遍——因而不再符合科學的定義。到二十世紀二〇年代行為主義登場後，這三種心理學基本都在美國心理學界銷聲匿跡了。

在這股巨浪中，行為心理學一枝獨秀。

在相當的時間裡，由於高舉科學的大旗，行為心理學引領了心理學的主流，像中世紀的教會那樣，「統一並統治」了現代心理學的研究領域。

同樣由於高舉科學的大旗，行為心理學順應了時代的呼聲，讓整個心理學的社會地位迅速上升，達到前所未有的輝煌。

意識心理學死了，行為心理學活了。

驀然回首，我們被心理學的進展嚇一跳：它經過三次革命——理性的衝擊、科學的衝擊、行為的衝擊，終於變成了行為學。問題是：行為學還能叫心理學嗎？

同時，我們也被心理二字的變遷嚇了一跳：「理」倒還在，「心」不見了。問題是：沒有「心」，還能叫心理嗎？更嚴重的問題是：沒有「心」還能叫人嗎？

心理學的革命，最終革了「心理」的命！

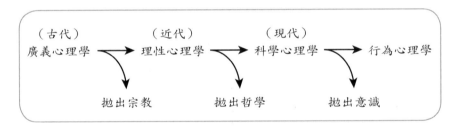

🔘 行為療法

理論指導實踐。行為心理學指導的心理治療就是行為療法。

如果說在理論中，行為主義把心理學變成了行為學，那麼在治療中，它就把心理治療變成了行為治療。常見的行為療法有三種：行為矯正、系統減敏感法、交互抑制，共同點都是輕意識、重行為。

所謂行為矯正，即透過獎懲機制建立習慣。比如我們常提的獎勤罰懶，目的在於培養「勤」的習慣、消除「懶」的習慣。需要說明，

有些心理學家將行為矯正一詞用於正常人，而將行為療法一詞用於病人。但第 1 章中提到，正常人與病人之間不存在絕對界限，因此認為行為矯正與行為療法之間也不存在絕對界限。本書只把行為矯正當成行為療法的一種，但並不否認，在心理治療中更常見的是另兩種：系統減敏感法和交互抑制。

何為系統減敏感法（systematic desensitization）？顧名思義，就像減少、降低過敏一樣，透過逐步接近目標，最終消除負面表現。最初的系統減敏感法來自華生的學生瓊斯（Mary C. Jones）。她在華生實驗之後進行了反向的實驗。所謂「反向」，就是華生的實驗目的在於「製造恐懼」，而瓊斯的實驗目的在於「消除恐懼」。她找到了一個三歲、名叫彼得的小孩，最初的情況是，彼得一見到兔子就嚇得發抖。在實驗開始後，每次當彼得吃飯時，瓊斯就把兔子放在遠處，以後逐次拉近兩者之間的距離。經過幾週的時間，彼得開始習慣兔子的存在，甚至到最後敢用手觸摸。後來南非心理學家約瑟夫・沃爾皮（Joseph Wolpe）把這個方法系統化為系統減敏感法。

在此基礎上，沃爾皮又進一步提出了交互抑制療法。何為交互抑制（reciprocal inhibition）？簡單地說，就是用肌肉放鬆來抑制情緒緊張。沃爾皮發現一個現象：人不可能既緊張又放鬆。請各位自己體驗一下吧，當你情緒緊張的時候，肌肉自然緊張；當你情緒放鬆的時候，肌肉自然放鬆。但不可能出現兩者交錯的情況：肌肉放鬆卻情緒緊張。這就是交互抑制。托爾曼把交互抑制的原理應用於治療，要求病人先做肌肉放鬆，放鬆後想像恐懼的事情。一旦發現肌肉緊張，就停止想像，重新做肌肉放鬆。如此推進「放鬆——緊張——放鬆——緊張」，直到想像恐懼事情的時候，肌肉不再緊張為止。

支持者認為，行為療法非常簡單——只需行動；並且非常客觀——醫師無須顧及病人的回饋是真是假，甚至無須顧及病人願不願意回饋。

而批評者認為，行為治療侵害了病人的人權。比如為了治療懼高

症，醫師可能將病人懸置於高樓外面的籠子裡，雖然病人事前同意，但進入籠子時已經後悔了，當發現自己懸置在高空又無路可逃的一刻，會不會引發其他問題呢？如果那時精神還沒崩潰的話。

儘管行為主義在治療界不像在理論界那般權威，但它力求的「最科學的標準」仍對此行業產生了莫大影響。

總結行為心理學和行為療法，這一學派在現代心理學界獨領風騷幾十年，因為它有任何心理學派都無法比擬的兩大優勢：

第一，在所有方法中，行為學派的方法最接近科學。不管是對是錯，科學代表著先進、代表著進步、代表著時代的呼聲，這讓行為主義占據了先進、進步、時代的制高點。

第二，在所有學派中，行為學派的體系最完善。它有研究、有理論、有應用、有治療，相比之下，其他的心理學派或者沒研究，或者即使有研究，也不像行為學派那樣準確、客觀、可重複。更不用提行為心理學在實驗領域的成果遙遙領先。

這種情況持續到二十世紀六〇年代，之後由於心理學多元化的浪潮，行為心理學的統治地位才有所動搖。但即便在已有五十四個心理學分支的今天，行為學派的繼承人仍然占據著現代心理學的半壁江山！這就是我們為什麼講現代心理學，不得不把這一學派放到第一位講的緣故。

但為什麼只有「半壁江山」呢？難道行為主義的浪潮不應該「一統江山」才對嗎？所幸現代心理學為意識留下一點餘地，全因一個人的大名——佛洛伊德。

6. 關不上也打不開的另一扇窗：佛洛伊德
── 意識類心理學的中流砥柱

這一章，我們介紹第二種心理學理論及治療：佛洛伊德的理論及他開創的精神分析法。

● 關不上也打不開的另一扇窗

如果說行為主義綁架了心理學──把心理學引向行為學，那佛洛伊德也綁架了心理學──讓心理學保留了意識。

既然馮特定義現代心理學為科學，既然華生論證了行為最科學，這種情況理論上不該發生。但歷史並不總按理論推進：現代心理學在承認行為心理學為正統的同時，也為意識留下一扇「打不開也關不上的窗」。

為什麼說這扇窗打不開？事實上，佛洛伊德一直試圖打開它，卻從未完全打開。一是因為在行為主義的衝擊下，任何意識的學說都顯得不夠正統；二是因為佛洛伊德的心理學太另類，在心理學界內一直很受排擠。

為什麼說這扇窗關不上？事實上，行為主義者一直試圖關上它卻從未徹底關上。原因只有一個：佛洛伊德魅力太大。

首先，佛洛伊德名聲在外。

如文學評論家哈洛・卜倫（Harold Bloom）指出，**佛洛伊德的理論「早已深入我們的文化，成為當代知識分子共有的唯一神話」**。[33] 你看，他的本能學說順應了達爾文（Charles R. Darwin）的進化論和叔本

華（Arthur Schopenhauer）的非理性主義，他的潛意識理論激發了文藝界、哲學界、社會學界無限遐思，他的性壓抑理論在社會上引起軒然大波。

不僅在知識界眼中，即使在普通老百姓心中，佛洛伊德也不可替代。在每次公眾調查中，他都被列為最為人知的心理學家，可謂現代心理學的化身——儘管現在你已經知道這種印象很不正確。

結果佛洛伊德與馮特、詹姆斯、格式塔學派遭遇不同：行為心理學學派可以讓元素心理學、功能心理學、格式塔心理學銷聲匿跡，卻無法讓佛洛伊德銷聲匿跡。哪怕心理學界內部通過，文藝界、哲學界、社會學界也不會認可，老百姓更不會照辦。這就是為什麼行為心理學甚至所有學院派心理學家都不喜歡佛洛伊德，也拿他毫無辦法的原因。

除了名聲在外，佛洛伊德對現代心理學內部的影響其實也很大。

最明顯的是：**類似馮特興盛了心理學研究這一學科，佛洛伊德興盛了心理治療這一行業。**或許令各位吃驚的是，現今家喻戶曉的心理醫師和心理治療都是相對現代的名詞。

在古代，精神疾病往往被認為是魔鬼附身。如果真要治療，那麼包括捆綁、浸泡、監禁、電擊、放逐、驅魔、休克，最殘酷的莫過於打開病人的頭顱等手段——不是為了動手術，而是為了從頭顱中驅魔。顯然以前需要的不是心理醫師，而是巫師、祭祀師、驅魔師、催眠師。

即使到了近代醫學成形之後，心理治療仍然得不到認可，出於另一種考慮——醫學是科學，所以必須按照科學辦事。生理機能可以診斷，所以醫學界承認生理病人；心理機能當時無法診斷，所以醫學界不承認精神疾病。

佛洛伊德的出現，讓情況發生了改變：「癔症」（Hysteria，又稱歇斯底里）患者被正常接納，心理病人才變成病人；心理治療被當作職業，心理醫師才變成醫師。而佛洛伊德本人，則既治療別人，也被同事治療。可以說，今天數以百萬計的心理病人和心理醫師，都有意

或無意地繼承著佛洛伊德留下的遺產。假如缺了他，現代心理學能有今天人丁興旺的局面嗎？

就這樣，現代心理學一半被行為主義綁架，另一半被佛洛伊德綁架。

當然，佛洛伊德對文化的影響也好，對心理學的貢獻也好，基礎都在於他小說般的理論。

佛洛伊德的理論

佛洛伊德的理論雖然另類，但並非沒有邏輯，主要內容有關潛意識、本能衝動、三重自我。讓我們把這三個概念串聯起來討論。

I. 潛意識

潛意識理論是佛洛伊德學說的基礎。

佛洛伊德的成名作《夢的解析》，讓不少人以為佛洛伊德是解夢大師，在我看來這倒不假，只是佛洛伊德在書中寫道：夢的解析是了解潛意識活動的通道。借助夢的分析，我們能了解這最神祕、最奇異的精神構造。[34] 顯然夢只是工具，潛意識才是目的。

佛洛伊德並非提出潛意識的第一人。在他之前，歐洲眾多的哲學家——斯賓諾莎、萊布尼茨、康德、叔本華都認為心靈中有不可知的部分。據記載，學者卡本特（Carpenter）最早使用了潛意識一詞。而比佛洛伊德略早的哲學家尼采，更曾用浪漫的筆調描述潛意識。尼采描述之明確、之頻繁、之深刻，以至於佛洛伊德在自傳中承認，只能強迫自己迴避尼采的書，以便獨立完成工作。這些前人的工作絲毫不掩蓋反而襯托出佛洛伊德對潛意識的獨特貢獻。為什麼呢？

首先，佛洛伊德留下了方法。

如佛洛伊德所述：「詩人和哲學家在我之前就發現了潛意識，我

發現的是研究它的科學方法。」佛洛伊德的方法是否真屬於科學，其實很有爭議，但沒有爭議的是，之前的哲學家們確實都在空談！所以別看輕方法：大到人類歷史上的任何偉大創造，小到心理治療中的某個案例──關鍵往往不在理論，而在方法。

佛洛伊德的方法就是精神分析。這讓佛洛伊德的潛意識碩果纍纍：因為有精神分析的方法支撐起心理治療行業，潛意識理論得以付諸**實踐**；也因為有精神分析的方法記錄了大量病例，潛意識得以付諸**實證**。這就是有方法與沒方法的不同！

其次，佛洛伊德還細化了理論。

他將潛意識分為前意識和無意識。這樣，心靈的結構就包括意識、前意識、無意識。其中，意識相當於我們可以自知的淺層意識，無意識相當於我們完全無法了解的深層意識，前意識則是可以轉化的中間層。

相應地，佛洛伊德提升了潛意識在整體意識中所占的比例，他留下了名言：「心靈像一座冰山，漂浮在水面上的只是七分之一。」下面的七分之六都是潛意識，這意味著**人主要靠潛意識，而不是靠意識驅動**。

冰山的比喻很著名，但我要給它挑一點毛病：根據佛洛伊德自己的理論，潛意識並非像冰山般靜止，而是像火山般湧動。**在黑暗中湧動著什麼呢？佛洛伊德接著解釋：本能。**

II. 本能衝動

按照達爾文的理論，在漫長的進化中，生物形成了自己的本能。本能是原始的、不安的、難以控制的，這在野蠻的動物身上沒有問題，但在理智的人類身上，就顯得不夠神聖。

在第 1 章我們已經簡單提到過佛洛伊德的本能理論，這裡稍作補充。

最常見的當然是性。佛洛伊德稱性本能為「力比多」（libido，原欲）。佛洛伊德發現，潛意識中流露的資訊總與性有關：有時表現為性壓抑，有時表現為性衝動。佛洛伊德指出性衝動並非從青春期，而是從童年開始，分為口腔期、肛門期、性器期、潛伏期、生殖期（兩性期）。[35] 如果換了別人，一定以為這是調侃——何必用這麼庸俗的名字呢？但佛洛伊德很認真，他細緻描述了嬰兒的性快感，從依戀口唇到依賴肛門到依戀生殖器……並且得出結論：從出生的那一刻起，性的欲望就伴隨著人生。[36]

性衝動、性快感、性壓抑，在任何文化中都屬於危險雷區。當歐洲人發現，有一位叫佛洛伊德的傢伙居然冒天下之大不諱，在其所寫的最兒童不宜的作品《性學三論》中，將「力比多」引申到天真無邪的兒童，這讓紳士、淑女們情何以堪？一時間對佛洛伊德的辱罵鋪天蓋地而來。好的方面是，在憤怒聲中他變得人盡皆知；壞的方面是，心理學界唯恐避之而不及。最後連他的大弟子阿德勒、二弟子榮格也相繼離去，表示自己與性本能——尤其兒童的性本能——無關。

透過本能驅動潛意識的理論，佛洛伊德解釋了人類的衝動：看看，我們既有愛的衝動，也有破壞的衝動。為什麼呢？因為你我體內的「力比多」太多！太強烈！

那如何解釋人的不衝動呢？**為什麼我們有時會愛，有時不愛？有時破壞，有時不破壞？佛洛伊德繼續解釋：多重人格。**

III. 自我的平衡

佛洛伊德構想，每個人的內心中都不止一個我，而是有三個我：

- 本我（id），代表衝動的本能，在三我中它最真實。
- 超我（superego），代表道德的要求，在三我中它最不真實。
- 自我（ego），代表表現出的我，在三我中它最終平衡。

　　三重自我解釋了人類平衡的關鍵——自我（ego）。我們常說「某人很自我」或「big ego」，聽起來像壞事似的。其實在佛洛伊德的體系中，自我平衡著本我、超我與環境。當然平衡是脆弱的：有時表現為平靜，有時表現為狂暴，更多時如暴風雨前的平靜。因為有自我，大多數人大多數時候還算正常。

　　於是，我們看到佛洛伊德心理學的優勢：它可以解釋你很平靜——因此自我控制了平衡；也可以解釋你很瘋狂——因為自我失去了平衡；還可以解釋你既瘋狂也平靜——因為本我、超我、自我在相互轉化。

　　把上述理論串聯起來，佛洛伊德為我們勾畫了一幅完整的心理結構的畫面：從縱向看，意識、前意識、潛意識；從橫向看，本我、自我、超我。

　　心理結構的目的在於心理治療。有了佛洛伊德的理論，心理治療師的分析就變得簡單了：既可以按圖索驥，也可以稍加改動。心理治療從一種藝術變成了一種流程，儘管仍然是一種藝術化的流程！反過來，心理治療也有助於印證佛洛伊德的理論。因為佛洛伊德的理論雖然很迷人，但**潛意識、本能、三重自我沒一項可觀察，靠什麼方法落實呢？精神分析。**

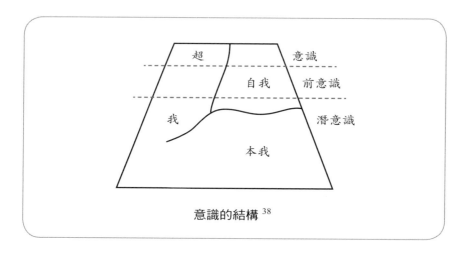

意識的結構 [38]

🔘 躺椅上的無數次談話

這裡我們要分辨清楚兩個名詞：心理治療和精神分析。它們經常被混在一起是有原因的：除了共同的來源佛洛伊德外，它們還屬於共同的領域——一個是行業名稱，一個是方法名稱。心理治療指的是這個行業——精神分析、催眠療法、行為療法、認知療法、格式塔療法、家庭療法、自然療法等等——凡以恢復心理健康為目的的實踐，不管是他人幫助還是自我幫助，都屬於心理治療行業。而精神分析——佛洛伊德心理學在心理治療中的應用，是這個行業中最常見的一種方法。

具體來說，精神分析有怎樣的流程呢？

雖說始終在變化，但大致沒變的有以下幾個步驟：

首先是談話。佛洛伊德的談話並非你來我往的交談，而是醫師聽、病人談，醫師即使參與，也僅限於讓談話進行下去。各位在電影上都看過這種場景吧：來訪者躺在躺椅上，無拘無束地說話，不管內容多自由、多荒謬、多離奇、多雜亂無章，最好能一邊自言自語、一邊自由聯想。目的倒不是為了宣洩，而是為了讓潛意識暴露出來。原則是：愈自由就愈荒謬，愈荒謬就愈真實，也被稱為「自由聯想法」。

其次是處理。既然病人在講、醫師在聽，為什麼還需要處理呢？因為上面描述的是理想狀態。佛洛伊德發現，很多情況下自由聯想未必順利，中間往往進行不下去，怎麼回事呢？談話者心裡的壓抑會阻撓「化潛意識為意識的企圖」，從而設置談話的障礙——有時表現為病人對醫師的感情抗拒，有時表現為病人對醫師的感情依賴。[37] 這都要求醫師學會處理，以便讓心理治療能夠進行下去。

最後才是分析。佛洛伊德發現：來訪者透露的資訊很重要，而不願意透露的資訊更重要。比如病人感情抗拒，心理醫師正好可以分析抗拒背後的原因；再比如來訪者感情依賴，心理醫師也可以分析依賴背後的原因。

顯然，精神分析法既沒那麼複雜，也沒那麼簡單，它是談話、處理、分析的總和。

講完了佛洛伊德的思路，請允許我稍作評價。

無疑這是一套天才的思路，也的確來自一位天才。

天才到今天的心理學人士都急於撇清的地步，他們會告訴各位：現代心理學已經有了新的工具，不再需要佛洛伊德的理論。果真如此嗎？如果採訪當今的心理學界，我承認沒有哪位完全沿用佛洛伊德，但也敢保證沒有哪位完全擺脫了佛洛伊德。之所以如此肯定，理由很簡單：佛洛伊德已經深入到每位心理學人士的潛意識中，不管他或她有沒有意識到！

於是我們又看到了佛洛伊德辯論學的優勢：對方承認，是因為潛意識；對方不承認，是因為沒有意識到自己的潛意識！如果對方追問：我怎麼才能意識到呢？不妨再回答：那還能叫潛意識嗎？除非你把它變為意識——公開承認！聽起來像詭辯？沒錯，它就是。

縱觀佛洛伊德談及的每一話題——潛意識、本能衝動、三重自我、精神分析——都曾經激發起無數小說家的遐想。在我看來毫不奇怪，因為串聯起來，佛洛伊德的理論就像一本小說！

深愛心理學的你會說：佛洛伊德怎麼會在寫小說呢？我要提醒你的是：別忘了，你已經陷於劇情之中，回頭想想，這一切都是真的嗎？它們全都來自佛洛伊德的大腦中，可能存在，也可能根本不存在！

所以我說，小說家不可怕，佛洛伊德才可怕。沒有哪個小說家像他這樣，把小說素材寫成一本正經的心理學，並讓世人相信為真！更沒有哪個小說家像他這樣，活在自己的小說素材中，讓自己也相信為真！

懷著無限的景仰之情，我難以把他與任何心理學大師相提並論：他超越了「專注與不專注」的理性範疇，進入了天馬行空般的非理性範疇。可疑的是，他確實具有一般心理學大師所不具有的氣質，令人

聯想到心理學家艾森克所指的「天才與瘋子一線之隔」！

🌐 精神分析學派

佛洛伊德不僅創立了精神分析，還創立了精神分析的職業團體——世界各地的精神分析學會。這也是佛洛伊德心理學很難被徹底消滅的另一個原因：佛洛伊德不是一個人，而是一群人。

這群人中產生過很多著名心理學家，包括克萊因、安娜‧佛洛伊德（Anna Freud）、佛洛姆、科胡特（Heinz Kohut）等。雖然他們都宣稱自己與佛洛伊德的理論不盡相同，但他們的總稱就是精神分析學派。

在整個現代心理學中，精神分析學派占有怎樣的地位呢？

可以說，它占據了現代心理學「接近一半的江山」。這「接近一半的江山」可來之不易，因為精神分析學派從來不具備成為正統的理由。

最激烈的批評來自行為心理學，包括：

第一，精神分析採用病人口述意識而非觀察行為，因此並不客觀。

第二，精神分析採用醫師的描述而非儀器測量，因此並不準確。

第三，精神分析採用個體經驗而非統計規律，因此並不普遍。

既然不客觀、不準確、不普遍，那就不是嚴格意義上的科學。不過可以看出，上述指責對所有「意識類」心理學都成立，這樣反而好理解了：連意識都不科學，就更別提潛意識！

正因為行為心理學的批評有理有據，我們反倒要向佛洛伊德致敬：他對現代心理學的最大貢獻在於保留了意識。其理論中有幾個前提：一、我們的意識存在；二、意識可以被實證；三、精神分析是門科學。儘管原則上都有待商榷，但事實上卻為「意識類」心理學後來的復興留下了空間。

再具體到「意識類」心理學中，精神分析學派占有怎樣的地位呢？

可以說，它始終是「意識類」心理學的中流砥柱。相比而言，它有著其他學派無法比擬的優勢：佛洛伊德的名聲，龐大的精神分析學會，抵制行為主義的功績，與現代心理學平行的歷史……

這就是我們講現代心理學時，要把這一學派放到第二位來講的原因。

儘管如此，我們還要介紹另兩種心理學和心理治療——它們雖然沒那麼中流砥柱，也沒那麼歷史悠久，卻讓人無法忽視。

7. 加一點動機，加一點認知
—— 無法忽視的趨勢

　　雖說行為心理學和精神分析學派是現代心理學中最大的兩個分支，但到了二十世紀五〇年代，出現了眾多較小流派，其中兩種比較重要：認知心理學和認知療法、人本心理學和人本療法。它們都自稱現代心理學的「第三勢力」，並且我相信它們都不會接受「並列」的位置。那麼，哪個才是真正「第三」呢？

🌑 人本主義

　　首先跳出來唱反調的是人本心理學，也稱為人本主義心理學。

　　人本主義，顧名思義，就是以人為本。照理說人本主義的歷史源遠流長：希臘哲學家普羅塔哥拉斯（Protagoras）就曾經說過「人是萬物的尺度」；到了近代，歐洲文藝復興運動的目的，就在於恢復人的價值與尊嚴；再到現代，理性與科學早已實現了這個目標。既然如此，為什麼到了現代的現代，心理學家要重提以人為本呢？

　　當然有所指——人本心理學家的目的在於批判現代心理學的「前兩勢力」。

　　它對行為心理學不滿，基於兩點理由：

　　第一，行為主義用動物實驗來預測人的表現——在人本主義看來，這貶低了人的行為。

　　第二，行為主義用行為來解釋人的意識——在人本主義看來，也不現實。心理學家佛洛姆寫道：行為主義的困境正在這個地方，它無

法說出沒有說出的訊息。他舉了個例子：兩個父親各打了小孩一個耳光，我們看到的表情可能是漲紅了臉，但因為無助而臉紅，還是因為憤怒而臉紅？表情背後的意識，行為主義無法解釋。[39]

而它對佛洛伊德不滿，也基於兩點理由：

第一，佛洛伊德用動物本能來解釋潛意識 —— 在人本主義看來，這貶低了人的意識。

第二，佛洛伊德過度強調了個人 —— 在人本主義看來，也忽視了社會的重要。佛洛姆寫道：在探尋人的感情和欲望的基本動力時，佛洛伊德在「力比多」中找到了這種基本動力，但這種生物本能絕不是人內在的最強大的力量，這方面的挫折也不是精神錯亂的原因。推動人的行為最強而有力的力量，來自於人類生存的環境，即「人類處境」。[40]

既然心理學的主流都有問題，人本心理學就提出了自己的綱領。人本心理學的創始人心理學家亞伯拉罕·馬斯洛，在不同時期提出過三項主要綱領：自我選擇、自我實現、自我負責。請不要僅僅把它們當作口號 —— 人本主義雖然善於提出鼓舞人心的口號，但口號之間也是有邏輯的。

首先是自我選擇。

人本主義強調人的自由意志，做為人本心理學的起點。自由意志的前提是承認意識，而不像行為主義那樣只講行為、不講意識。心理學實驗證明，連動物都有自由意志 —— 豬喜歡探索周圍環境，雞會選擇健康的食物 —— 何況人呢？人類更應該「自我選擇」，從每時、每刻開始。

其次是自我實現。

自我選擇總不能胡亂選擇吧，自由意志的目標何在呢？這就涉及到人的動機。馬斯洛強調：人的動機在於滿足高級需求，而不像佛洛伊德描述的那樣僅僅滿足本能。馬斯洛總共列出了七種需求，其中前

四種屬於基本需求——生理需求、安全需求、愛與歸屬需求、尊重需求；後三種屬於高級需求——認知需求、審美需求、自我實現的需求。在人本主義看來，每個人在滿足了基本需求之後，都要追求物質世界以外的理想——出於人類「自我實現」的動機。

最後是自我負責。

自我選擇、自我實現，結果一定就好嗎？人本主義的回答是：首先，人性本善並且每人都有健全的良知，因此結果趨向於好；其次，不管結果好與不好，我們都應該「自我負責」。

但對誰負責呢？是讓自己滿意叫負責？還是讓社會滿意叫負責？這倒有些內部分歧，一部分人本心理學家解釋為只對自己負責，比如馬斯洛認為自我實現就要在某種深刻的、意味深長的意義上抵制文化適應。[41]另外一部分人本心理學家對自我的社會意義負責，強調個人對社會貢獻。

可以看出，人本心理學的確既不同於行為心理學，也不同於佛洛伊德的心理學，因為它既不強調行為，也不強調潛意識，相反地它強調意識——以人為本的意識。這是它自稱「現代心理學的第三勢力」的理由。

● 人本療法

人本主義在心理治療中的應用，就是人本療法。主要實踐者是心理醫師卡爾‧羅傑斯（Carl R. Rogers）。

羅傑斯的人本療法有兩項主要原則：

第一，以來訪者為中心，在實踐中意味著平等。傳統的心理治療，醫師是絕對權威的、病人是絕對服從的。而羅傑斯建議，既不要把醫師當作醫師，也不要把病人當作病人。理由是：態度平等意味著良好氣氛，而良好氣氛是治療成功的關鍵。羅傑斯強調醫師應該理解病

人的感受：如果我們感覺自己食物被下了毒，或者我們的敵人正在反對我們，我們也會有同樣的方式和行為。[42] 甚至在羅傑斯看來，醫患平等還不夠，最好反過來——病人優先。這是「以來訪者為中心」的由來。

第二，非指導原則，在實踐中意味著傾聽。這讓我們想起，精神分析中也有傾聽，但除了傾聽，還有處理和分析的步驟。而到羅傑斯這裡變成了只有傾聽，除了傾聽，頂多簡單重複一下病人的話。比如病人說「我很討厭我的家人」，醫師或者不答，或者簡單重複「嗯，你很討厭家人」。因此，有些批評者把羅傑斯的治療形容為「嗯哈療法」。這是非指導原則的由來。

我知道，羅傑斯的做法常常讓人很難理解。倒不是因為它太複雜，而是因為它太簡單，簡單到大家都會問：這也算是一種療法嗎？還號稱人本療法？讓我來解釋一下羅傑斯為什麼這麼做。

問題一，為什麼羅傑斯不像精神分析那樣「處理」呢？因為他強調「非指導原則」，因此沒什麼需要處理的。

問題二，為什麼羅傑斯不像精神分析那樣「分析」呢？因為他不承認潛意識中的「本我」，因此沒什麼需要分析的。

問題三，是不是「醫師什麼也不做」呢？雖說中間過程不止於此，但「什麼都不做」正是羅傑斯想要的最終結果！

人本療法的邏輯在於：生命天生具有追求幸福和健康的傾向。羅傑斯說，在每個有機體中，在任何程度上，都有一股向著建設性地實現它內在可能性的潛能……任何一個生物，不管是一株草，一棵樹，一頭獅子，還是一個人，只要他（它）被賦予了生命，就會表現出一個明顯的生長、發展、活動的趨勢，一種求生存、求強大、求茂盛、求完滿的趨勢。

草木如此，人亦然。羅傑斯時常引用老子的名言：致虛極，守靜篤。萬物並作，吾以觀復。夫物芸芸，各復歸其根。別說，我還真覺

得他深得老子之道：老子什麼也不做是為了看自然，看草木自由生長；羅傑斯什麼也不做是為了看病人，看病人自由成長。就像一般人看不懂老子那樣，羅傑斯也常常不被人理解──兩人表現出的「無為」其實同理。

問題四，既然生命這麼旺盛，如何解釋人還會生病呢？羅傑斯的回答是：這不是個人的原因，而是環境的原因──壓抑來自社會和文化。並且他認為，即使生病了，病人的生命力同樣有效。下面是他列舉的一個鮮活例子：

> 「記得童年時代，我們把冬天要吃的馬鈴薯放在地下室的儲藏箱裡，地下室上方不遠處有個小窗戶。這種環境不利於馬鈴薯的生長，但馬鈴薯總會發芽──淡白的幼芽，與春天播種在土壤裡的綠芽完全不同。但是這些幼芽會伸向窗外遠方的光線……在最惡劣的環境下，它們依然盡力實現自己，即使生命無法繁茂也不會放棄。在面對生命被扭曲的來訪者時，在面對重返醫院的人們時，我常常想起那些馬鈴薯芽。」[43]

問題五，既然病人可以自癒，那還要醫師幹麼呢？在人本療法中，醫師的作用在於幫助病人排除壓抑與障礙，重新恢復自由生長。因此並非真的「什麼也不做」，相反地要做的事很多，只是做的目的，在於最終「什麼也不做」。

雖然道理那麼充分，人本心理學卻並沒有從根本上改變現代心理學。羅傑斯自己也坦承，心理學主流認為該學派具有相對較小的重要性，原因何在？

對人本心理學的批評，集中於它的理論無法實證。與佛洛伊德的潛意識相比，自我選擇、自我實現、自我負責距離科學的定義更遠。

而對人本療法的批評，集中於它解決問題的能力不夠。就連人本

心理學家也批評人本療法。佛洛姆說：自由聯想很快變了質，沒有導致被禁錮的思想的表達，而是變成了毫無意義的喋喋不休。有些心理治療學派更把分析者降低為富於同情心的傾聽者，只用稍微不同的表達重複病人所說的壓力，根本不做任何解釋。[44] 佛洛姆沒挑明這種現象背後正是羅傑斯的原則——病人為中心，醫師非指導。

既然人本心理學不足以改變現狀，另一個「第三勢力」就崛起了。

🌑 認知革命

第二個出來唱反調的是認知心理學。

與人本心理學一樣，認知心理學既反對行為主義，又反對佛洛伊德。並且它們都從意識入手，只不過如果細分意識，前者著力於人的動機，而後者著力於人的認知。

所謂認知，就是知覺、注意、記憶、思考的統稱。

首先，認知不同於潛意識。我們在知覺什麼、注意什麼、記憶什麼、思考什麼，顯然屬於我們能意識到的部分。

其次，認知也不同於行為。這看似大白話，但問題在於：認知心理學承認行為，而行為心理學不承認認知，因此前者講「認知不同於行為」，後者講「一切都是行為」。

這麼重要的認知，卻被現代心理學主流長期忽視，是有原因的。

如果各位回憶一下，這已經不是我們第一次談認知了。最早的心理學都在一定程度上涉及認知：馮特和鐵欽納測量感覺和感受，格式塔心理學強調整體意識，詹姆斯強調意識流。但在與行為主義的競爭中，這三個學派都消失了，認知也從心理學中消失了很長時間。現在何以能復活？

契機在於資訊技術的發展。

先從通信技術的發展，心理學家聯想到：人的認知不也屬於資訊

加工嗎？如果細分認知的流程：知覺意味著把訊號編織為符號，注意意味著對符號的選擇，記憶意味著符號的儲存，思維意味著符號的運算。由此認知心理學家布魯納（J. Bruner）推論：知道是一個過程，不是一個結果。[45]

又從電腦技術的發展，心理學家聯想到：人腦不也類似電腦嗎？一九五〇年數學家阿蘭・圖靈（Alan M. Turing）出版了《電腦與智力》一書，將人腦比喻為井然有序的機器。一九五四年心理學家西蒙（Herbert Simon，又名司馬賀）和紐厄爾（Allen Newell）發表了《象棋機器，透過適應解決複雜問題的例子》，將人腦下象棋的步驟類比為電腦運算。

再從網路技術的發展，心理學家又聯想到：大腦內部不也類似網路嗎？

但光有通信、電腦、網路的模型還不夠，還要有方法才行。

如何客觀測量認知呢？說實話，無法保證。因為只要測量意識，就無法不主觀。但改進是可能的，認知心理學常常採用口頭報告法：比如在下棋時，實驗者被要求大聲說出「我在知覺到上一步，我在注意到這一步，我在記憶前兩步，我在思考下一步」。這顯然是內省法的回歸。

好在對內省法最激烈的批評者華生，也曾承認語言是可以觀察的對象，並留下一句名言：說是一種正在進行的行動，也就是說，它是一種行為。[46] 既然科學正統性的鼻祖都背過書，那麼心理學界也勉強認可了口頭報告法。

既有了模型，又有了方法，認知心理學就擺脫了之前的陰影，蓬勃發展了起來，今天它已經成為實驗心理學的重要一支。這是認知心理學自稱「現代心理學第三勢力」的理由。

從更廣闊的角度看，認知心理學只是聲勢浩大的認知革命的一部分。心理學家從自己的角度出發，往往把它們劃等號，其實不妥。認

知革命不僅涉及心理學，而且涉及眾多學科，甚至我認為它涉及整個人類。為什麼說得這麼誇張呢？認知革命有兩大產物：一是認知心理學，二是目前熱得不能更熱的人工智慧。不僅兩者流程相反——前者是人腦模擬電腦，後者是電腦模擬人腦；更值得警覺的是兩者目的相反——前者是為了幫助人、幫助心理，後者是為了取代人、取代心理。難道這還不算攸關人類和心理學命運的大事嗎？

認知療法

認知心理學對應的心理治療就是認知療法。

雖然都稱為「認知」，說實話兩者關係不大。可以想像，認知心理學家致力於化人腦為電腦，就像無數的電腦男、電腦女那樣，無暇顧及外面的心理治療界發生了什麼。但兩者也非完全無關：認知療法也是在認知革命的呼聲中才發展出來，同樣強調認知的作用。

有幾位心理醫師對認知療法做出了貢獻。

第一位是亞伯‧艾里斯（Albert Ellis），他是認知療法最早的實踐者。[47]

艾里斯提出了廣為人知的 ABC 理論，用 A、B、C 三個字母代表認知中的因果關係：A 代表外界的誘發因素，即不幸事件；B 代表對該事件的認知，即大腦的解釋；C 代表該事件引起的結果，即情緒和行為。

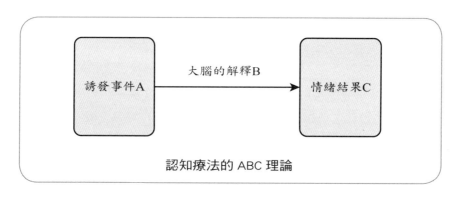

認知療法的 ABC 理論

公式簡單明瞭地指出了認知的意義：在心理治療中，人們往往把原因直接歸咎於外界（A），而忽視了錯誤認知（B）在裡面所產生的解釋作用。

為什麼錯誤認知會讓人發狂？艾里斯列舉了一個形象的例子：比如病人認為自己是一隻袋鼠，感覺自己就是，而且圍繞著家具像隻袋鼠跳個不停，這些都無法證明病人真的就是袋鼠！[48] 而心理治療的關鍵，就在於糾正錯誤認知。

艾里斯的學說談不上高深，但是為認知療法開了一個講求實效的好頭。

下一位是心理醫師亞倫‧貝克（Aaron T. Beck），他試圖把認知療法的流程「科學化」。

我們知道，精神分析法雖然有流程，但隨意性很大，因此常常面臨「非科學」的指責，事實上貝克認同這種指責，並希望認知療法能避免指責。

難道心理治療還真能變為科學不成？沒錯，貝克決心把診斷過程和治療過程表格化和資料化！為了客觀評估來訪者的病情，貝克制定了貝克憂鬱量表、貝克絕望感量表、貝克焦慮量表、貝克自殺意念量表。在量表的基礎上，貝克又制定了評分系統。落實到治療中，貝克先用量表和評分診斷，再用量表和評分跟進。

好的方面是，貝克的資料化努力提高了認知療法的可信度和透明度：心理治療不再僅僅是文字化的描述，而變成了資料化的追蹤分析。貝克說：不要相信我，試著檢驗我。所幸貝克的資料核對證明：認知療法確實對憂鬱症有效。這讓認知療法在心理學界贏得了難得的尊重。

不好的方面是，就像所有的科學一樣，貝克量表和評分讓心理治療變得異常繁瑣。過去用一個疑問句來診斷的問題——「你感到憂鬱嗎？」或「你感到焦慮嗎？」——現在都需要用近百個問題才能完成。再到複診的時候，過去一句簡單的——「你好些了嗎？」——現在也

要重新填寫量表。

經過不懈的努力，貝克終於把自由發揮的藝術變成了嚴謹枯燥的科學！

最後一位是英國心理學家保羅・薩科夫斯基斯（Paul Salkovskis）。他創立了「認知行為療法」。

說白了，這是認知療法與行為療法相加。比如，他首先糾正患者的非理性思維，然後採用系統減敏感法成功緩解了強迫症。在今天的心理治療中，行為認知療法已經成為普遍採用的方法。

◉ 小結

透過前面的章節，我們介紹了心理學從古到今的發展，也介紹了四種心理學和對應的心理治療。它們分別是行為心理學和行為療法、佛洛伊德心理學和精神分析法、人本心理學和人本療法、認知心理學和認知療法。

還有更多心理學派嗎？

太多了，多到數不勝數。

僅僅在心理治療領域，就還有如互動療法、阿德勒療法、格式塔療法、家庭療法、女權主義療法、自然療法、存在療法、現實主義療法、後現代主義療法等眾多流派。其實它們的情況與人本療法和認知療法類似：都強調比行為療法和精神分析更人性化的某一方面。每一學派都可能自稱現代心理學的第五勢力、第六勢力、第 N 勢力，但都不可能極大超出我們所介紹的現代心理學框架。否則，它們就不是現代心理學了。

如果要問：所有這些現代心理學學派——主流和支流都包括在內——有什麼共同點嗎？

照理說現代心理學如此龐雜，這本應該是個很難回答的問題才對，

但我們還真找到了答案：**不管別人承不承認，所有學派都宣稱自己立足於科學。**

　　我們就此駐足，向科學的心理學致敬，向各位心理學大師致敬，更向心理學永無止境的批判精神致敬。今天我們得以在此談論心理學，何嘗不是站在巨人的肩膀上？

　　在致敬之餘，我想繼承前輩們的科學精神和批判精神，對現代心理學做一點——**質疑！**

8. 真科學、偽科學及中間地帶
——心理學的定義問題

當我們談到現代心理學既不足以、也不願意解決心理問題的困惑時，留下了疑問：高智商的心理學家，怎麼會讓這種情況發生呢？

現在答案揭曉了：一切以科學的名義。

為了科學，心理學的方向變得很複雜——從單純的心靈道理，演變為基礎研究、行業應用、心理測試的萬花筒。向上的分散，無疑沖淡了它解決心理問題的興趣。

為了科學，心理學的方法變得簡單——從神話、宗教、哲學、道德、科學的多管齊下，演變為只剩下科學。方法上的減少，無疑限制了它解決心理問題的能力。

看來我們困惑的根源在於：科學。

有人會說：這等於沒說啊，你剛剛論述了現代心理學如何成為科學，現在又指責科學造成了問題，不是很矛盾嗎？

首先請注意，「現代心理學是科學」不是我的論述，而是馮特、華生的論述，我的論述還沒開始呢。

其次請放心，本書是要解決問題的，否則它就沒有存在的必要。為了對症下藥，我們還是要從根源入手：**現代心理學以科學為定義，是否真的無可質疑？**如果先說結論，我認為：第一定義不清，第二定義不對。

在開始論述之前，我想先預警：本章難讀。對普通讀者來講，它太燒腦，燒腦到沒它也行；對專業人士而言，它又太重要，重要到沒它還不足以說明問題。如果各位的大腦接受挑戰，我們就開始吧。

● 真心理學總被誤解？

為了反證「定義不清」的現實，先回答心理學家的兩點困惑。

奇怪，心理學家也有關於心理學的困惑嗎？沒錯，一個常見的問題是：為何真心理學總被誤解？[49]

君不見，「解夢心理學」、「識人心理學」、「把妹心理學」等通俗心理學的流行，把心理學變成了一個萬能萬用的形容詞，而不再是一個需要定義的名詞，讓公眾難以想像真正的心理學是在實驗室中測量行為。心理學家抱怨：大眾不了解現代心理學……

問題出在哪裡？

一位學者寫道：「大眾不了解現代心理學已經在科學的路上走出了很遠很遠。」[50] 這倒沒錯，但只是對事實的描述罷了，還算不上對問題的回答。

另一位學者寫道：「某種既得利益阻止大眾了解現代心理學。」[51]存不存在這種可能呢？當然存在，但如果把所有情況歸類於此，則有失偏頗。至少本人就不屬於這種情況，相反地，我是抱著對現代心理學的極大好感來寫本書的。何況心理學家一向以理性包容為懷，怎麼能一遇到批評自己的人，就推測為利益衝突呢？這頂多算自我安慰，也算不上對問題的回答。

而我認為，問題出在語言。

公平地講，一方面我們不能說大眾對心理兩字的理解錯了，因為自古至今，心理都被理解為心靈的道理；另一方面我們也不能說心理學的定義錯了，因為如何定義是心理學家的權利——出於正當的考慮，他們把現代心理學先定義為科學進而定義為行為。但問題是：人們一聽到「心理學」幾個字，自然聯想到心靈的道理，有誰會聯想到行為呢？這種語言理解上的歧義，造成了雙方的困惑！

因此為心理學家解惑：公眾總誤解真心理學，並非出於無知，而

是難料它名不副實——以心理之名，行行為之實！

對於我的解釋，心理學界未必反對，只不過一種反應是把過去的責任推給大眾：這不正說明公眾不了解現代心理學嗎？言下之意，日常語言錯誤，而學術語言正確。如果追責，我還真要為大眾免責，因為總有個先來後到吧——心理兩字在先，心理學三字在後，現代心理學五字更後——更有「心理」兩字解釋權的，當屬日常文字的使用者！

學界的另一種反應是把未來的任務推給大眾：現在我們說明什麼是現代心理學，請大眾立即轉變觀念。言下之意，把過去的「心靈之理」變為現在的「行為之理」，不就清楚了嗎？聽起來有理，實際上仍然沒理。要知道文字的涵義，絕非一經說明就能立即轉變的，它沉澱在藝術、哲學、宗教、文學中，經過很長時間才能建立，也要很長時間才會消失。試問，當我們讀小說、看電影、聽講演的時候，「心」字的涵義改變了嗎？沒有。「理」字的涵義改變了嗎？沒有。加起來，人們對「心理」二字的理解也不會改變，並預期心理學的涵義與之相符。

其實無論我的解釋通過與否，都不影響本章的主題：假如心理學的定義清楚，這種困惑就不該出現。

🌐 偽心理學總被相信？

為了繼續反證「定義不清」的現實，再回答心理學家的另一點困惑：為何偽心理學總被相信？

君不見，隨著心理學的流行，偽心理學也在流行。比如有人把星座、血型、算命、觀相等都宣傳為心理學，以誤導公眾的手法吸引著公眾的眼球，卻從來不乏眼球。心理學家抱怨：公眾總相信偽心理學……

對於這種危害社會、危害心理學的危險傾向，著名心理學家布萊爾思（Briers）、道斯（Dilys Daws）、史坦諾維奇（Keith E. Stanovich）

等都曾經激烈抨擊。我對他們的正義感與責任感，由衷地欽佩與支持，只不過站在同一陣線的我，希望明確抨擊的目標：什麼是「偽」心理學。

初看起來問題不複雜：「偽」既非一個哲學概念，亦非一個科學概念，而是一個語言概念。

什麼叫「偽」？

偽裝。明知自己不是而宣稱自己是，算偽裝。明知故犯，算偽裝；如果一位魔術師明知魔術為假卻宣稱為真，這叫騙人，這叫偽裝。

按照這種定義：「偽心理學」就是偽裝成心理學而不是心理學的東西；「偽科學」就是偽裝成科學而不是科學的東西。

現在複雜的來了：真偽與意圖有關，與結果無關。想想是否如此？真實的各位未必喜歡，偽裝的各位未必討厭。

什麼不叫「偽」？

首先，實話實說不算。比如上面這位魔術師聲明「僅僅是魔術」，當然不算「偽魔術」，他並沒有虛假宣傳，只是在描述實情。

其次，彼此誤解不算。生活中這種情況比比皆是，假如你真心攙扶老人，老人卻真心認為你撞到了他，我們能稱你為「偽助人者」嗎？不能，你一片好意卻遭誤解。

最後，無心錯誤不算。如果把任何失誤都稱為「偽」，那麼最大的受害者當屬最「反偽」的科學家們，因為他們在歷史上犯錯最多：亞里斯多德曾以為心臟在思考，牛頓曾致力於煉金術，兩人都堅信自己做的是科學，後來都被證明很不科學。我們能因此稱亞里斯多德為「偽心理學家」，稱牛頓為「偽科學家」嗎？不能。

所以，我們可以稱某事為真理或謬誤，也可以稱某人為革命或反動，但我們不能隨便稱對方為「偽」。

對心理學來講，更複雜的來了：我們深惡痛嫉的「偽心理學」大都經不起推敲——至少未經審判就被定罪。

以心理學家最排斥的星象學為例：它算不算「偽心理學」呢？未必。

我們先看看彼此無關的可能。

情況一，比如某位星相學家聲明「星象學不是心理學」，那連心理學都談不上，「偽」心理學就更談不上了吧。

情況二，這位星相學家雖未聲明，卻未提及心理學，那即使被慣性思維貼上「偽」心理學的標籤，也僅僅算彼此誤解吧。

我們再看看彼此相關的可能：如果這位星相學家聲稱「星相學是心理學」呢？這與「偽心理學」近了一步，不過結論還是未必。

情況三，他認為自己做的是心理學，並且星相學確實是心理學。雖說這超出了目前的公論，但公論就永遠正確嗎？只要有萬分之一的可能性發生，這位星相學家就在實話實說。

情況四，他真心認為自己做的是心理學，其實星相學不是心理學。人們可以批判他不對，卻不能指責他欺騙，因此屬於無心錯誤。

情況五，他不認為自己做的是真心理學，卻聲稱自己做的是真心理學。在所有的可能中，只有這種才算明知故犯，才算具備欺騙意圖——還不能假設，只有證明這點，我們才能稱其為「偽心理學」。

我之所以列出諸多的可能，不是為了製造混淆（混淆無須製造就在那裡），而是為了說明一點：即便對星相學這等離奇的學說，也不要隨意扣上「偽心理學」的帽子，並指望一棍子打死。無數事實證明，這樣打也打不死。

有人質疑情況三、四並不存在：星相學明明不是真心理學啊！那我要反問：真的嗎？什麼是真心理學？

因此為心理學家解惑：公眾總相信偽心理學，並非出於迷信，而是真偽難辨——心理學家狂轟亂炸「偽」，卻尚未明確「真」！

或許這一節未必解釋了，反而增加了心理學家的困惑，但同樣不影響本章的主題：假如心理學定義清楚，這種困惑就不該出現。

🌑 真科學、非科學、偽科學

在兩次反證之後，讓我們從正面看看：定義哪裡不清。

有人會說：現代心理學定義很清楚啊——它就是一門科學！情況恐怕不那麼簡單，我們要回答兩個問題：第一，什麼是科學？第二，佛洛伊德的學說是不是科學？

關於科學的定義，難免涉及一些專業知識，現代哲學中有一門分支叫科學哲學。在這門著作浩瀚的分支中，就「什麼是科學」這個簡單話題，哲學大師們已經爭論了一百多年，目前還在進行中。綜合大師們的觀點，我們將科學觀的演變分為「有標準」和「無標準」兩類。

I. 有標準的科學

按通常的說法，近代科學從十六世紀科學革命開始，至二十世紀初學科分類成形，這中間的幾百年可謂科學史上輝煌的一頁，從伽利略到牛頓都是其中的代表人物。那時人們普遍假設：科學以客觀規律為標準、真實不虛。本書把由此衍生的科學觀稱為「有標準的科學」。

如何發現客觀規律呢？

先有了科學的方法，即觀察。伽利略提出的慣性定律來自對天體運行的觀察，牛頓提出的萬有引力定律來自對落體的觀察（傳說是蘋果，實際是天體）。

後有了科學的定義，即「實證」。實證也叫證實。我們已經知道實證主義的原則：能被觀察證實的理論是科學；不能被觀察證實的理論不是科學。隨著實證主義的發展，科學家們對觀察的要求愈來愈嚴格：只有客觀的、普遍的、可控的才被接受，而主觀的、個例的、不可控的則被排除，但整體的實證原則未變。

在進入現代後，科學的定義出現重大修正。一位逆向思維的天才、英國哲學家卡爾·波普爾（Karl Popper）提出：科學要證實，更要證偽。

何為證偽？

即科學是可能出錯的理論，反之，永遠正確的理論不是科學。科學理論目前看當然是對的，但要有以後被觀察證明為錯的可能性。因此，「能證偽」僅僅是未發生的可能性，以下簡稱「證偽」。

如果你發現上面的話難懂，並非你有什麼問題，而是所有人都覺得難懂——與證實原則符合直覺相比，證偽原則超出直覺，我們還是舉例說明為好。

比如「靈魂存在」或「靈魂不存在」，能被證明嗎？不能，我們既無法證明其對，也無法證明其錯，因此毫不奇怪，它們不是科學。

不過這個例子還太簡單，因為僅憑「不能證實」一點，就足以判斷該理論不是科學。那有沒有「能證實」的兩種理論，一種能證偽，因而是科學，另一種不能證偽，因而不是科學呢？

有。

波普爾比較了愛因斯坦的學說和達爾文的學說。

他認為愛因斯坦的學說是科學，理由是它可以證實、證偽。比如根據愛因斯坦的理論，經過太陽旁邊的宇宙光線會被太陽引力彎曲，因此愛因斯坦預測：當發生全日蝕的時候，人們可以從地球上觀測太陽附近星光的位移。結果在一九一九年五月日蝕之際，被英國觀測隊在巴西的觀測所證實，世人大呼神奇。但在波普爾看來，真正的神奇不在於證實，而在於愛因斯坦在之前對證偽的暗示：假如人們觀測不到上述現象，則廣義相對論將是站不住腳的。[52] 波普爾由此感慨：這是真正科學的態度。愛因斯坦的理論是科學，正因為它可能出錯！

相反地，對同樣廣受尊重的達爾文學說，波普爾同意進化的事實是科學，但認為「適者生存」這句話並非科學，理由是它可以證實，無法證偽。何以見得？我們能看到的適應者，都生存也都適應環境了；相反地我們看不到的生物，既然沒能生存下來，人類就無從觀察它們是否適應環境——無從觀察，就無從證偽「適者生存」的理論。波普

爾由此感慨：這不是可檢驗的科學理論，而是形而上學的研究綱領。[53]
正因為「適者生存」永遠合理，所以它不是科學！

各位已經看出，波普爾能這麼想，他的神奇一點兒也不亞於愛因斯坦，更讓達爾文不再神奇！

做為證偽原則的創始人，波普爾花了大量精力向舊體系宣戰──強調「證偽」優於「證實」。但在實際應用中兩個原則並不矛盾，加起來，它們共同確定了科學的邊界。如果把證實、證偽做為條件，我們可以看到四種組合：

組合一：能證實、能證偽。

組合二：能證實、不能證偽。

組合三：不能證實、能證偽。

組合四：不能證實、不能證偽。

其中組合一是科學，而組合二、三、四不是科學，那是不是偽科學呢？也不是。它們或者無法證實，或者無法證偽，卻並無欺騙意圖，我們統稱其為「非科學」，做為真科學與偽科學之間廣闊的中間地帶。理解了這點，各位就會發現上一節中的混淆，大都源自「非科學」的範疇。

簡述有標準的科學：以客觀規律為標準，最終定義是證實、證偽。

II. 無標準的科學

波普爾修正了科學的定義，卻仍然承認科學以客觀規律為標準。與他同時代的另一些科學哲學家們，則忙於顛覆科學的標準，新思潮是：科學不再以客觀規律為標準、不再真實不虛。本書把由此衍生出的科學觀，稱為「無標準的科學」。

對受科學教育長大的各位來講，我知道上述顛覆聽著就像個「偽命題」：科學還會不客觀、不真實嗎？說來奇怪，正是科學的進步否定了科學的標準。

做為現代物理學一連串重大發現中的一件，一九二七年德國學者海森堡（Werner Heisenberg）提出了「測不準原理」（uncertainty principle，也譯不確定性原理），基於「測不準現象」。即在微觀條件下，人們不可能同時測量位置與速度：測準了位置，就測不準速度；而測準了速度，又測不準位置。怎麼回事呢？除海森堡之外，近代物理學大師波爾、愛因斯坦都加入了討論，他們對此的解釋，既包括外在因素——觀察者對觀察的影響，也包括內在因素——物質本身的波粒二象性：前者說明觀察不再客觀，後者說明觀察不再準確。一句話：觀察不再真實。

這無異於摧毀了長期以來人們對科學的基本假設：科學要發現客觀規律，前提是觀察準確、客觀。比如我們要證明牛頓的萬有引力定律，那就要假設：一是我們觀察的「萬物」準確、客觀；二是我們觀察的「引力」也準確、客觀。否則，如何確定「萬有」與「引力」之間的關係呢？

繼觀察的真實性之後，理論的嚴謹性及實驗的獨立性，又被亨普爾（Carl G. Hempel）及奎因（Wiuard V.O. Quine）等人證明並非絕對。隨著科學的三個基礎環節——觀察、理論、實驗都動搖了，「科學的標準」就無從談起了：客觀規律即使存在，也無法被準確測量；即使可以被測量，也無法被準確命題；即使可以被命題，也無法被準確檢驗！[54]正如一百年前尼采預言的那樣：**沒有事實，只有解釋。**

There are no facts, only interpretations. (Daybreak)

結果，雖然聽起來奇怪，現代科學的終極趨勢悄悄發生了變化：從物理學到生物學再到心理學，科學家們已逐漸放棄追求絕對真實的科學，因為它無法實現！

缺少了「事實」這個參照物，該如何定義科學呢？

說實話已經很難。倒不是因為定義太少，而是因為定義太多。想想看，不客觀的定義，意味著主觀的定義；而主觀的定義，意味著無

數的定義。

在眾說紛紜之中，比較常用的有兩種：

先有約翰‧杜威（John Dewey）宣導的「工具主義」原則——以實用價值為判斷依據。在《哲學的改造》一書中，杜威以工具比喻科學的本質：「工具既不是真的，也不是假的，真假均不是判斷的特徵；工具往往是有效的或無效的，適當的或不適當的，經濟的或浪費的。」[55] 這等於把科學定義為個人的約定。

後有湯瑪斯‧庫恩（Thomas S. Kuhn）宣導的「科學共同體」原則——以科學家的同儕審查為依判斷據。在《科學革命的結構》一書中，庫恩把科學進步描述為「科學共同體做出一連串新的承諾，建立一個科學實踐的新基礎」。[56] 所謂科學社群（scientific community），就是擁有共同理念的科學家的集合。其共識就是群體承諾（group commitment），而形成共識的過程俗稱同儕審查（peer review）。這又等於把科學定義為集體的約定。

其實無論哪種約定，共同點在於人為約定。顯然與科學一詞的最早涵義相比，「無標準的科學」已經面目全非，這就是它雖為真命題，卻像偽命題的緣故。

簡述「無標準」的科學：科學與非科學再無明確區分，它們都主觀，只不過主觀程度不同罷了。

回到我們的話題：現代心理學宣稱自己是科學，究竟指的是哪種科學呢？不外乎三種選擇，它們都從不同角度證明了定義不清的問題。

選擇一，如果採用「無標準」的科學定義，那現代心理學等於接受了定義不清的現實。這樣做的心理學家很少，因為那只會讓談話無法繼續，甚至科學一詞用與不用已無關緊要。如果有朋友不認同這點，請考慮：星相學算不算科學？如還不夠，請再考慮：怎樣的理論才必然不算科學？

選擇二，如果混用「有標準」與「無標準」的科學定義，那不僅

定義不清，甚至定義矛盾。比如某些科學的捍衛者以為要求愈多愈嚴格，一方面堅持心理學要證實、證偽，另一方面又堅持心理學要「科學共同體」的認可，雖說出於好意，卻混淆了真理的標準：或者你相信「自然規律」的存在，那真理等著你一個人去發現，你不需要任何人的認可；或者你相信「科學社群」的認可，那無異於把主觀凌駕於客觀之上，等於否定了真理的客觀存在！

選擇三，如果仍採用「有標準」的定義，我以為這是最現實的、也是大多數行為心理學家仍堅持的判斷標準：證實、證偽。按照這種定義，什麼是科學倒很清楚，但我要說現代心理學的科學屬性仍不清楚，因為我們面臨下一個難題：佛洛伊德的學說是不是科學？

◐ 佛洛伊德算不算科學？

要維護現代心理學的嚴謹性，佛洛伊德的學說無疑是塊試金石。

你說它是科學吧，明顯不符合科學的定義。

首先，以現在的眼光來看，它的證實不算合格。原因在於，佛洛伊德不以實驗為實證，而以治病為實證，因此：

一、不夠客觀，都是自述。

二、不夠普遍，都是個案。

三、缺乏控制，都是談話。

四、缺乏資料，都是描述。

更不合格的是它的證偽。波普爾在其所著《猜想與反駁》中一針見血地指出：佛洛伊德學說既可以說明一切，也可以說明相反的一切。比如一個人推小孩入水，佛洛伊德會解釋為潛意識的壓抑；但一個人從水中拯救小孩，佛洛伊德又解釋為潛意識的昇華。而佛洛伊德的弟子阿德勒（波普爾曾經在其診所實習），會解釋上面例子中的前一種情況為「自卑感而證明自己敢於犯罪」，又解釋後一種情況為「超越

自卑感而敢於救人」。[57]波普爾不無嘲諷地說：我不能設想，有什麼人類行為不能用這兩種理論來解釋的……這個表面上的長處正是它們的短處。[57]短處就是：因為這種詭辯永遠正確，所以它不是科學！

我們不由得為波普爾拍手叫好：要擊敗一位富於想像的天才，只能靠冷靜異常的另一位天才。

既不能證實，又不能證偽，我們就很難把佛洛伊德的學說歸類於科學。各位或許有所不知：以佛洛伊德的大名，他曾三十二次獲得諾貝爾醫學獎提名，均遭拒絕。[58]雖然原因從未公開，但我們要感謝諾委會三十二次捍衛了科學的定義！

但你說佛洛伊德不算科學吧，接下來的引申是：以其在現代心理學中分量之重，整個心理學算不算科學？你無法小看佛洛伊德在心理學界的影響力，他是心理學文獻中被引用最多的人；你無法小看佛洛伊德創辦的精神分析學會，它是美國心理學會中最大的分會；你無法小看佛洛伊德在公眾心中的形象，他就是心理學的化身！

更嚴重的引申是：如果佛洛伊德不算科學，那麼人本心理學和人本療法算不算科學？格式塔療法、家庭療法、互動療法等眾多心理治療算不算科學？認知心理學和認知療法算不算科學？[59]所有「意識類」心理學，都面臨類似的質疑。

這不僅是塊試金石，還是塊發燙的試金石！

現在我們知道定義哪裡不清了：首先科學兩字已經不清；其次即便採用之前的定義，現代心理學的內容是不是科學仍然不清！

如何讓定義清楚呢？

最簡單的辦法就是劃清界限。國際心理學界只要明確兩條就行：第一，現代心理學是科學，並且科學的標準是證實加證偽；第二，佛洛伊德以及一切不符合科學定義的學說，都不屬於現代心理學。

這樣做的好處是，所有的疑雲都將消除。

首先，真心理學的定義明確了，行為心理學將被做為科學的心理

學保留，「行為類」心理學會很高興。

其次，非科學的定義也清楚了，精神分析學說、人本主義學說、大部分認知心理學、大部分心理治療將被劃分入非科學，「意識類」心理學也未必反對。

最後，對公眾的資訊明確了，公眾雖然需要消化「心理學是行為學」，但遲早會理解。

但這樣做的壞處是：現代心理學將承擔難以承受的後果。

首先，心理學面臨分裂，而且是徹底分裂。我們知道，心理學一半被行為主義綁架，另一半被佛洛伊德綁架。這讓每一屆的心理學會主席很難辦，也將讓每一位希望維護心理學團結的心理學家很難辦。

其次，心理學將更名不副實。現在的心理學還不算完全名不副實，因為它既有行為一派，又有意識一派。但在排除意識後，「心理學」不如改名為「行為學」算了。從這個意義上講，如果科學進行到底的話，終將消滅心理意義的心理學。

最後，公眾對心理學的信心可能崩潰。因為在公眾眼中，心理學應該是研究心理的、解決心理問題的，以佛洛伊德、阿德勒、榮格、霍妮（Karen Horney）、佛洛姆等人為代表。如果上述假設都不成立，大眾就要重新評估心理學的意義。

對現代心理學界來說，這將是個雙倍兩難的選擇：何謂雙倍？關於科學要證實、證偽的要求，明確也好、不明確也好，現代心理學都會分裂；關於佛洛伊德的心理學，承認也好、不承認也好，現代心理學也都會分裂。

兩害相權取其輕：現在的分裂，只是因定義不清而內部分裂，公眾並不知情；但如果定義清楚，就會立即演變為內外分裂。怎麼辦呢？現代心理學界做了最容易的選擇：保持沉默！

9. 說「不夠」，以使用者的名義
——重新定義心理學

講完了定義哪裡不清，接著講定義哪裡不對。

說明一下兩者的區別：「不清」可以澄清，而「不對」無法澄清。各位難免好奇了：什麼性質的問題，會「不對」到這種程度呢？

🌑 對定義說不對

我認為，「心理學是科學」，有違生命的本質。

生命有怎樣的本質？

只要體會一下當下自己的生命，每個人都不難發現：

——生命是鮮活的，是活生生的靈與肉，不是數據、圖示、分析。

——生命是自由的，是偶然的選擇，不是必然的實驗。

——生命是多樣的，不僅是生理、心理，還是宗教、哲學、物理、化學等等。

——生命是主動的，既需要描述問題、分析問題、預測問題，更需要解決辦法。

說得通俗些，科學「配不上」生命。

如果我們把它當作「身心一元」，生命就不可能是科學。即便我們把它分為「身心二元」，生命也不完全是科學：其中科學的部分，是我們的身體，從這個角度看，人不自由；其中非科學的部分，是我們的心靈，從這個角度看，人又自由。至於笛卡爾遺留下的難題——自由與不自由的矛盾——正說明生命的本質不僅非科學，甚至非理性！

既然心理學與生命密不可分，結論是：科學有違心理學的本質。

公平地講，**「心理學是科學」，不僅有違生命的本質，也有違科學的本質。**

科學有怎樣的本質？

只要回想我們學過的數理化公式，每個人都無法否認：

——科學是客觀的。哲學家朗格（Friedrich A. Lange）曾批評神經科學為「沒有靈魂的心理學」，批評它「把心理描述為腺體活動，把意識描述為大腦的分泌物」。但主觀本來就不是科學的態度。

——科學是簡單的。伽利略說：「我能夠計算天體的運行，卻無法計算人類的瘋狂。」愛因斯坦說：「宇宙不難理解，最難理解的是人類的愛。」但複雜本來就不是科學的特性。

——科學是冷冰冰。歌德曾感慨道：「親愛的朋友，一切理論都是灰色，唯有生命之樹長青。」但生活本來就不是科學的內容。

——科學以求知為目的。雖然本書批評現代心理學不願意解決問題、不足以解決問題，但解決心理問題本來就不是科學的目標。

說得通俗些，生命也「配不上」科學。既然心理學與生命密不可分，結論是：心理學也有違科學的本質。

如此看來，**科學沒錯，心理學也沒錯，錯在不該把兩者相配。**就像他與她原本並不般配，卻被馮特這位封建家長硬拉到一起，結為封建婚姻。

不般配在哪裡呢？如果深究「心理學是科學」這句話，其實類似「身心二元論」的矛盾：

這句話的主語「心理學」＝自由意志；

這句話的賓語「科學」＝自然規律。

合併在一起，「心理學是科學」意味著：自由意志 ＝ 自然規律。一個自由，一個不自由，不衝突才怪！這才是真正的「定義不對」，因為不管怎麼澄清，本質上都不對！

對大師說抱歉

那心理學大師的定義呢？難道也錯誤不成？

的確如此。

聽起來雖然有點狂妄，本書只在就事論事罷了。

先看看大師馮特的定義。馮特定義現代心理學為「科學」，但又同時定義「對意識進行準確描述是實驗心理學的唯一目標。」[60] 這兩句話前後矛盾，就像行為心理學指出的那樣：意識不可能成為真正的科學，真正的科學不可能以意識為目標。所以說：馮特的定義不對。

再看看大師詹姆斯的定義。詹姆斯定義心理學為「精神生活的科學」。[61] 這句話簡潔地融合了馮特的意思，也簡潔地融合了馮特的矛盾，它的問題與上面的問題相同：精神即意識，意識不可能成為真正的科學。所以說：詹姆斯的定義也不對。

最後看看大師華生的定義。華生說：心理學的目標是行為的預測與控制，心理學完全是客觀的、以實驗為基礎的自然科學。[62] 這兩句話本身倒沒錯，問題是它符合了科學的本質，卻不再符合生命的本質。行為科學是精確而不自由的，相反地，生命本質是不準確而自由的。所以說：華生的定義還是不對。

現在如果你仍然覺得本書狂妄的話，我只好說：人歸人，事歸事，本人對大師們的景仰是真實的，大師們的錯誤也是真實的——唯有說聲抱歉，結論才能完整：現代心理學「定義不對」。

心理學不是科學

好，現代心理學定義不清、定義不對，怎麼辦呢？

重新定義。

有的朋友正好質疑：你有更好的選擇嗎？言下之意，如果沒有，那即使現在的不清、不對，也算最好的定義了。問題是，我還真有更

好的選擇！

我認為：心理學就不是科學！

請注意，這裡說「心理學不是科學」，不等於「心理學是非科學」，只是說「心理學不全是科學」。就好像某位哲學家定義「地球是水構成的」，我反駁說「地球不是水構成的」，不等於「地球沒有水」，只是說「地球不全是水」。

因此我們不要走極端：把心理學等同於科學是一個極端，把心理學等同於非科學是另一個極端。真正的心理學，在我看來，是科學與非科學的組合。

即：**心理學 ＝ 科學＋非科學。**

雖然聽起來很簡單，但是與劃清界限或保持沉默相比，重新定義的選擇將令現代心理學界更難接受。為什麼呢？無數前輩經過一百多年的努力，才讓世人接受「現代心理學是門科學」，能這麼容易就推翻嗎？

或許有人質疑我們是否又回到了起點——原始心理學不就包羅萬象嗎？本書回到定義的起點不假，卻並未回到心理學的起點：原始的心理學中沒有科學，而新的定義中明確包含科學。我認為之前的心理學並非浪費：一百年前從非科學轉向科學，帶來了心理學的一次飛躍，而一百年後恢復科學與非科學的平衡，將為它帶來另一次飛躍。現在不是要復辟，而是要進步！

更有人質疑這是否有理、是否有益。「有理」已經講過了——生命的本質是理，科學的本質是理。那「有益」呢？我認為對現代心理學的發展，新的定義益處有三：

首先，它的性質清楚了——既是科學，也是非科學。事實上，現代心理學遲早要面對現實：定義不清已經造成了足夠的混淆。與其把頭埋在沙子裡，為什麼不站出來承認心理學本來就有兩種屬性呢？這樣，「心理學家對公眾不理解的困惑」就會消除。

其次，它的內容正確了——既包括行為類，也包括意識類，事實上，現代心理學無法迴避公眾的預期：除了心理學家自己設置的預期外，沒什麼人預期「心靈的道理」必須是門科學。與其畫地為牢，為什麼不讓心理學回歸大眾、回歸生活呢？這樣，「公眾對心理學難理解的困惑」也會消除。

還有，現代心理學界不需要分裂了——在現有五十四個分會的基礎上，它還可以發展出五百四十個分會，甚至五千四百個分會，並讓所有成員統一在「科學與非科學」的大旗下。

最重要的是，要想同時實現上述三點，現代心理學別無選擇。換句話說，現代心理學既想定義清楚，又想定義正確還想保持完整，這是唯一的可能！而其他任何選擇只會帶來或者進步、或者分裂的兩難。各位看看，我為維護「真」心理學費了多少心！

除了對現代心理學本身的益處，新的定義還會帶來一種意想不到的收穫：我們深惡痛絕的「偽」心理學也將難以藏身了。想想看，如果定義「真心理學 ＝ 真的科學＋真的非科學」，那真的之外，還剩下什麼呢？偽裝。徹底暴露之後，就不成其為偽裝了。各位看看，我為消滅「偽」心理學又費了多少心！

● 對現代心理學說「不夠」

之所以我們深究定義的問題，為的是最終解決定義造成的問題。
定義造成了什麼問題？

——現代心理治療一直在用科學的方法，去解決本質上非科學的心理問題，怎麼可能成功呢？因此毫不奇怪，它不足以解決現代人的煩惱。

——現代心理學做為科學，本來就不以解決問題為目標，怎麼可能專注於以解決問題為目標的心理治療呢？因此毫不奇怪，它不願意

解決現代人的煩惱。

如何解決定義造成的問題？

既然根源在於「心理學是科學」，那解決的辦法在於「心理學不是科學」。

其實從本書的開頭，我們就知道現代心理學「不夠」，只不過那時有約在先：只有找到問題的根源和解決的辦法，才能放心說「不夠」了。現在我們終於放心了。

有朋友會追問：按照新的定義，現代心理學就「夠」了嗎？

雖說沒有絕對的「夠」，但至少可以進步。

首先，打開科學的限制，心理學才能包容生命的意義，這是人本主義的方向──如羅曼・羅蘭（Romain Rolland）留下的名言：唯有心靈使人高貴。

其次，打開科學的限制，心理治療才能擴展身心的實踐──如馬斯洛所倡導的「以問題為中心」。[63]

那更要追問了：既然人本主義已經提出過上述意見，為什麼沒有解決問題呢？說來令人遺憾，人本心理學方向正確，卻從未走出多遠。

首先，人本心理學不夠科學，卻生怕別人不把自己當科學，因此在理論上一直主動向科學靠攏。結果是口號多，內容少。

其次，人本心理學不夠科學，卻仍在方法上限制自己為科學，馬斯洛反對「方法為中心」，[63] 更提不出什麼新的方法。結果是：在有限的內容中，可落實的更少。

以科學為半徑畫地為牢，是人本心理學乃至整個現代心理學無功而返的根本原因。

相反地，我認為「心理學不是科學」，那不管從理論上還是方法上，就都沒必要再受限於科學的束縛。既然本書有破有立，就先破除舊定義的限制，再立起新定義的希望。

總結本書第一部分的內容，我們得出兩點結論：

第一，心理學不僅僅是科學。

第二，因為現代心理學止步於科學，所以它才「不夠」。

🌑 以使用者的名義

在說了這麼多「不夠」之後，我希望感謝心理學人士的耐心包容。倒不是我覺得自己寫得不對，而是我覺得自己寫得很對，但正因為太對，「不夠」一詞才聽著格外刺耳。

好在心理學人士素以理性平和著稱，因此不難理解：說「不夠」，僅僅是我向現代心理學致敬的一種特殊方式罷了。想想看：一本原名為《悉達多的心理學》的書，在介紹「悉達多」之前，花如此之大的篇幅介紹「心理學」的定義、分類、演變、行為療法、精神分析、人本療法、認知療法，不正是為了給科學以公正的評價嗎？不正是為了以現代心理學為首選嗎？

儘管如此，會有專業人士質疑「評價」本身的合法性：你有何資格評論這門神聖的科學？

面對類似的質疑，禪宗的慧能大師曾說：人有南北之分，佛性豈有南北之分？套用大師的智慧，我不妨回答：**人有貴賤之分，真理豈有貴賤之分**？

也會有專業人士質疑「首選」本身的合法性：你有何資格高高在上地選擇心理學？

我想就以使用者的名義吧。做為使用者我知道，追尋心理健康是人類的本性；做為使用者我知道，現代心理學並未解決現代人的煩惱；做為使用者我知道，實驗、測量、數據讓心理學離生活愈來愈遠；並且做為使用者我知道，醫師的好壞不該由醫師自己來評判吧。因此，本書說「不夠」——以至高無上的使用者的名義。

或許心理學家會辯解說：自己也算使用者，因此自己的標準也算

標準。沒錯，但請用現代心理學的原則評估一下概率：是普通人做為使用者的可能大，還是心理學家做為使用者的可能大？進而回答一個問題：心理學是普通人的心理學，還是心理學家的心理學？不論哪種情況，都會回到本書開頭界定的「夠不夠」的標準問題。

如果上述仍然不能令專業人士滿意，那我也理解──因為愈優秀的醫師愈不會輕易服氣，面對使用者的指責會說：「如果我不行，換誰都一樣！」看來除了說「不夠」，我還要說「未必」！

第二部分

悉達多的心理學

—— 為什麼拋開神祕，佛學仍有其理性價值？

10. 哪一個悉達多，哪一個佛教
—— 抓住佛學的主線

　　既然病人病了，醫師也病了，就該後補醫師出場了。

　　問題是：哪一位後補醫師？

　　前面我們從心理問題講到現代心理學，照理說要找一門學說做為現代心理學的補充似乎不難。且不說已被歷史淘汰的，僅說流傳至今的「心靈道理」，在宗教領域就有基督教、伊斯蘭教、印度教、猶太教等；在哲學領域又有儒家、道家、西方哲學等。在這麼多的選擇中，為什麼我們偏偏選擇佛學呢？因為我們對「心靈道理」的要求並不簡單，相反地十分苛刻：**一要不同，二要相通**。

　　「不同」好理解，因為不同才能補充。從這個角度看，我們尋求與現代心理學最不同的方法，以實現最大限度的互補性。愛好心理學的朋友會質疑：即便現代心理學不夠完美，也不至於比一門古老的學說差吧？其實不存在誰好誰差的問題，只存在相互補充的問題。前面聲明過，第一部分的目的僅僅在於「提出問題可能存在」，現在再次聲明第二部分的目的，也僅僅在於「證明問題確實存在」。

　　「相通」也好理解，因為相通才能比較。再從這個角度看，我們又尋求與現代心理學最相通的方法，以實現最大限度的可比性。與前一個要求相比，後一個要求常被忽視 —— 有時出於無意，有時出於故意。證據就是：我們看到很多宗教與文化對話，基本可以用「雞同鴨講」來形容。甲方說：信仰無須證實，永生可以實現，一切源於神祕。乙方說：科學需要證實，人的壽命有限，大爆炸創造了時空。結論是 —— 永遠沒有結論。雙方就像兩條正確但不相交的平行線。**因此不同重要，**

相通更重要。

有些朋友會說：符合兩種要求的學說應該不止一種吧？這些朋友還沒意識到，之所以說要求十分苛刻，因為它們之間彼此矛盾：一方面我們希望方法最大限度地不同，但這種不同又不能太不同，不能到「不通」的地步；另一方面我們希望方法最大限度地相通，但這種相通又不能太相通，不能到「相同」的地步。如此再篩選各種宗教與哲學一遍，我選來選去，只選出一種——悉達多的學說。

是否真是這樣？請各位自己評判吧。

🌑 哪一個悉達多

在講佛教之前，不妨先化解部分朋友的心理牴觸：「這是一門宗教！」我能理解這種情緒，因為宗教時常給人強制的印象，而現代人最不喜歡強制。對這些朋友的心理安慰是：本書算不上一本傳統的佛教書，頂多算一本理性的佛學書。倒不是說我準備違背教義，而是在我看來，佛教本來如此。

曾經有新聞機構採訪來亞洲學佛的西方人，發現了一個奇怪的現象：很多人以前不信教，學佛後還不信教；很多人以前是基督徒，學佛後還是基督徒。似乎這些西方人並非為信仰而來！如果追問：那佛教哪點吸引你呢？普遍的回答是：**這門宗教實在不太像宗教！**

至於為何如此，下章將專題說明，本章先做些鋪陳。當務之急要先縮小範圍：哪一個悉達多？

初接觸佛學的人會奇怪：悉達多還有幾個嗎？照理說真人版只有一位，但神話版卻有很多。讓我們先把名字和生平對應起來：

第一階段，從出生到創立佛教，即悉達多的前半生。這期間名字只有一個：悉達多。

第二階段，從創立佛教到去世，即悉達多的後半生。這期間名字

開始多起來。按照來訪者不同：外人多稱他為悉達多或瞿曇；學生們多稱他為世尊；而他自己，則自稱如來或佛陀。

第三階段，從去世到今天的兩千年，即佛陀入滅之後。這期間被追認的名字就更多了：如來、應供、正遍知、明行足、善逝、世間解、無上士、天人師、世尊、佛、世尊，號稱佛陀十號。這還沒包括中文名字釋迦牟尼，意思是釋迦族的尊者。

為了簡單起見，我們先明確一點：只談生前事，不談身後事。倒不是說第三個階段不存在，只是說我們討論不清：信教的讀者會認為，佛陀升天不可置疑；而不信教的讀者會認為，佛陀升天不可置信。後面會講到，就連佛陀本人都不想回答這個問題。因此本書也效仿佛陀：**我們只討論兩千五百年前出現於印度的那位歷史人物，他最終創立了佛教。**

回到歷史人物，當然會讓事情簡單不少，但並未簡單徹底。因為歷史人物，仍然有真人版和神話版兩種生平，原因是有人會說：「他可能是人，也可能是神的化身。」為了公平起見，我把兩種版本都列出來，按字體區分開來。

悉達多的一生，可以概括為幾個標誌性事件：出生、出走、覺悟、圓寂。

I. 出生

他生於印度西北部迦毗羅衛國，具體時間有多種演算法，但都對應西元前五、六世紀。[1] 父親是釋迦族的國王淨飯王，母親是摩耶夫人。父母為兒子取名為喬達摩・悉達多，意思是「成就一切義」，暗示著這個孩子出身高貴，以後必成大業。

從出生階段，就出現了悉達多的傳說。如說他母親懷孕時白象入夢，又說他一出生就可以走路，還左邊蹦幾下，右邊蹦幾下，一手指天，一手指地，口中念念：「天上地下，唯我獨尊。」對此該如何理

解呢？我只能說：傳說畢竟只是傳說，如果真有這樣一個小孩，他或她一定早早就被當作神靈供奉，但悉達多從小並沒有受到神靈般的對待。更合理的說法是：悉達多生下來是一個常人，儘管將長成一個非常之人。

做為國王的寶貝兒子，少年時期的悉達多，過著衣食無憂的日子，像世界上很多王子那樣習武、讀書、受良好教育。成年後的悉達多，娶了一位漂亮的太太，生下一個健康的小孩，取名羅睺羅。如果沿著既定軌道發展，他會承襲父親的王位，會成為一位親政愛民的好國王；但果真如此，他只會變成眾多無人記得的印度小國王中的一員。

悉達多的成長過程如此正常，不僅沒有讓後人欣慰，反而讓後人覺得不安，於是又出現了傳說。如說悉達多力搏大象，還有幾種版本——有的說悉達多徒手將大象打倒，有的說悉達多將大象扔出城外，有的說發瘋的大象見到悉達多自動臣服。對此又該如何理解呢？我只能質疑這些仍是傳說，理由如下：第一，這並非來自悉達多自述；第二，悉達多從來不崇尚武力；第三，若悉達多真有此等神功，還會晚年無法保護釋迦族免於滅亡嗎？

II. 出走

如果說成年後的悉達多確實有什麼不同，那就是他做為王位繼承人，表現出一種宗教情懷——知曉宗教經典並喜歡禪定。此外，他還表現出一種哲學感悟——照理說一般養尊處優之士不了解底層人民的疾苦，悉達多卻有感於生命的無常：他看見農夫的犁翻起了地裡的蟲子、蟲子被小鳥吃掉、小鳥又被大鳥吃掉，一個物種的存在依賴對另一個物種的傷害，甚至對同類的傷害，這就是生命中註定的苦——即便還不是自己的苦，也是共同的苦；即便還不是今天的苦，也是遲早的苦。

終於在二十九歲時的一天，他趁妻兒熟睡之時離家出走。毫無疑

問，悉達多是要尋找生命的答案——這是他從小關注的話題。

此事也常常被後人過度渲染：王子出家，豈非神奇？最簡單的解釋是：悉達多曾經一天中走出四個城門，分別看見產婦、老人、病人、死人，於是有感於人生之苦。這有沒有道理呢？當然有，悉達多對人生的感慨是真實的。但這個故事忽略了一個事實：當時悉達多已經二十九歲，按照古印度的平均壽命，早就成年，甚至中年，他不可能完全隔絕於社會，連生老病死都沒見過，起碼病人應該見過吧。

不僅看到生、老、病、死不算神奇，就連出家也符合傳統，還不是一般人的傳統，而是當時貴族階層——婆羅門階層的傳統。婆羅門貴族一直有悲天憫人的情懷，往往在中年之後，將家產傳給子女，然後自己遠行。或到雪山流浪，或去林中吟歌，或至野地苦行，為的是與心中最高的神「梵」合為一體，從而擺脫人生的煩惱。

甚至連王子出家也非絕無僅有。根據佛經記載，佛陀之前的修行者，及後來追隨佛陀的出家人，不少都出身於帝王之家。就連後來統一印度的阿育王，兒女也都分別出家、遠行外國傳教。這樣看來，悉達多出家確是佛教美談，但也是受古印度習俗影響所致。

III. 覺悟

我們可以想像，年輕的悉達多遁入山林還有另一個原因——尋師求道。

要想修行解脫，需要老師指導，哪裡才能找到老師呢？按照當時的習俗，修行的婆羅門都遠行去了，因此在王宮裡找不到、城市裡找不到，只有去深山、老林、曠野才能找到！

結果「尋師」落實了，「求道」卻沒著落。整整六年下來，進展不大。倒不是老師不夠好，而是老師教的都是傳統方法：單純的苦行、苦上加苦、愈苦愈好。最難的時候，悉達多每日以豌豆、綠豆充飢，甚至觸至腹皮、磨到脊柱、身毛腐蝕，以至於感悟道：如果苦行為殊勝，

那我已經體驗過極苦，但我並未由此覺悟，顯然應該另有他徑。[2]

後來悉達多放棄了苦行，回到更適中的方法，終於迎來了轉機：在離家出走六年後的一天，他在菩提樹下的禪定中覺悟成道。

佛陀覺悟了什麼？你想知道，我想知道，後人都想知道，但佛陀沒給出過一次性的答案，只給出過陸續的談話。從這些談話中，我們可以總結出三類主題：

第一，無人知曉的真理。

第二，印證真理的方法。

第三，生命之苦可以解脫。

本書旨在理性地講清楚這些真理、方法、解脫之道。

IV. 傳教直到圓寂

覺悟後的悉達多自稱為「覺者」，大家可以先理解為覺悟者。在梵文中，覺就是佛，佛就是覺，覺者即佛陀。從此，悉達多啟用了佛陀的名號。

他開始在恆河中游一帶講經說法，將學說命名為佛教，並廣收弟子，將弟子組織為僧團。如此四十五年，於八十歲時去世。

這大概就是悉達多的一生了。

回到悉達多本人

現在回到前面的問題：歷史人物悉達多是人是神？

有三種說法：

第一種是「悉達多是人說」，即悉達多從生到死都是人。

第二種是「悉達多是神說」，即悉達多從生到死都是神。

第三種是「半人半神說」，即把悉達多的一生一分為二：覺悟前是人，叫悉達多；覺悟後是神，叫佛陀。

哪一種對呢？

我們可以先排除「悉達多是神說」。因為悉達多的前半生，就足以排除這種可能：從出生、成長、出家、修行，我們看到的都只是正常人的成長。至於其中的種種神話，後人對帝王將相的美化和神化，我們聽到的還少嗎？

比較難辦的是「半人半神說」，因為覺悟成道，畢竟是悉達多一生中的一次關鍵轉折。問題在於，他成的是什麼「道」？假設成道等於成仙，那麼佛陀就不再是人；而我認為，成道僅僅是覺悟，佛陀仍然是人。

這麼說，我當然有根據。

首先，覺悟後的悉達多，仍然過著人的生活。何為人的生活？不外乎衣、食、住、行。衣，佛陀穿過糞草衣，也穿過黃金衣，有什麼穿什麼。食，佛陀自己托缽乞討，別人供養什麼，就吃什麼，甚至不限於素食（那是中國佛教的習慣）。住，佛陀和僧團同住，日常的活動包括禪坐、洗腳、講課、接待訪客。行，佛陀周遊於恆河一帶幾個王國的城市之間，行動速度之慢，與常人相同。總之，覺悟後的佛陀，除多了佛陀這個稱謂外，我們看不出太大的區別，更看不到他變化無形、不吃不喝、呼風喚雨、日行千里的紀錄。

其次，佛陀也有著人的情緒。記載中，佛陀曾與一位侍者獨處，但這位侍者卻執意離去。佛陀再三挽留、近乎懇求：「我獨處而無人在旁，能不能等下一個人接替你再走？」[3] 應該講，佛陀年事已高，這麼說實屬人之常情——這正是我想強調的：只有人，才有這種常情；對神來講，獨處何妨？服侍何用？

不僅如此，佛陀也犯人的錯誤。為了教導弟子遠離欲望，佛陀曾經教給弟子「觀白骨法」，就是在靜坐中冥想人的醜陋：從吃喝拉撒，到生理結構、到一堆白骨。教導完畢後佛陀就出門遠行了，等回來時發現六十餘名弟子已經自殺，因為覺得人生實在沒意思。佛陀聽到後

感歎不已，只好轉教其他方法。[4]

最後，佛陀有人的老、病、死。佛陀去世是一次偶然事件。當佛陀八十歲高齡的時候，意識到自己近生命的終點，原本計畫趕回自己的出生地。但不巧的是，他在路上吃了一位鐵匠供養的牛肉，因為食物不淨而連續拉肚子，最後身體虛弱去世。佛陀臨終前，還怕弟子責備鐵匠，叮囑要把功德歸於鐵匠，因為他的供養出於好意。[5]這讓我們想起蘇格拉底臨終前叮囑弟子歸還雞錢的故事，感慨於聖者們也有真情。

總之，佛陀吃的是常人之食，得的是病人之病，說的是聖人之話，最終像常人般去世。所以我說：**悉達多是人，佛陀也是人——覺悟前如此，覺悟後亦然。**

我們為什麼要花精力弄清楚「哪一個悉達多」呢？

因為不如此，本書就無法繼續。

要知道，世界上有兩種尊敬：一種是對神靈的尊敬，一種是對老師的尊敬，性質完全不同。想像一下，該如何面對神？無法質疑，神也不接受我們的質疑。我們只能相信，無須理由，愈沒理由愈好。如果悉達多是神，我們頂禮膜拜，這叫拜神。

老師則不同。老師也是人，也有七情六欲，也會犯人之常情的錯誤。該如何面對老師？虛心學習即可。在虛心學習之餘，我們不妨探討、質疑，甚至超越。反過來，通情達理的老師也不會反對學生這樣做。現在明確了悉達多是人，我們以他為師，這叫拜師。這樣稱謂也可以混用了：**悉達多不表示不尊敬，佛陀不表示他是神，兩者都表示對人的尊敬。**

於是我們邁出了第一步：回到悉達多本人。

哪一個佛教

弄清楚了哪一個悉達多，我們還要弄清楚哪一種佛教。

初次接觸佛教的人又會奇怪：佛教還有幾種嗎？沒錯，多得超出想像。關於佛教的多樣性，日本學者阿部正雄比喻說：「在時間和空間上，佛教的網都撒得又遠又寬，就像一張因陀羅網，網上的每個交叉點都鑲嵌著寶石，在世界的不同角落，每個交叉點都呈現出教法的某一面向。」[6]

現今佛教有四個主要系統：原始佛教、南傳佛教、北傳佛教、藏傳佛教。它們分別在不同歷史時期，形成於四個區域：印度、東南亞、東北亞、西藏。我們要先從原始佛教和印度說起。

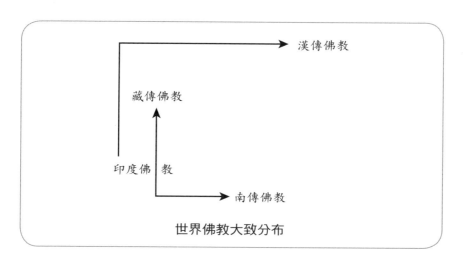

世界佛教大致分布

I. 原始佛教

佛陀並非橫空出世，佛教亦非憑空而來。佛陀創立佛教於印度，自然深受印度文化的影響。那時印度有十六大國，很像中國的春秋戰國時期。但與春秋時期的諸子百家不同的是，印度人的興趣不在救國、救民，而在各種宗教。事實上，遠在佛教之前，婆羅門教就已經存在

約一千年之久，後來又出現順勢派、生活派、懷疑派、耆那教、佛教等多種學說；在佛教之後，又有伊斯蘭教入侵、婆羅門教復興並轉為今天的印度教等演變。因此通常的說法是：一部印度史就是一部複雜的宗教史。

當佛陀在世時，即西元前五、六世紀，佛教流傳於恆河中游。到佛陀入滅後，佛教在一百多年的時間裡傳播到整個印度，並維持了佛教僧團一百多年的統一，直到情況發生變化。**我們把從佛陀創立之時到後來分裂之前的佛教，稱為原始佛教。**

也有學者進一步區分，稱佛陀所在時期為根本佛教時期，稱佛陀入滅到佛教分裂為原始佛教時期，問題是兩個時期從文獻上無法區分。為什麼呢？與孔子和蘇格拉底相同，佛陀自己從未著書立作，僅僅全憑口述。但又與孔子和蘇格拉底不同，孔子的弟子仲弓、子貢、子夏很快寫下《論語》，蘇格拉底的弟子柏拉圖很快寫下《對話錄》，而佛弟子們把老師的話背誦了一百多年才寫下文字，即佛教的原始文獻《經藏》。

在教義上，原始佛教秉承佛陀的思想；在文字上，原始佛教以《經藏》為經典。問題是兩者相差了一百多年，真的吻合嗎？我們沒有更好的選擇，只能推測吻合。現存的《經藏》有兩個版本：南傳佛教稱為《南傳經藏》，北傳佛教稱為《阿含經》。前者發現於東南亞，後者發現於中國。

那各位有疑問了：印度的原始文獻跑到哪裡去了？事實上，從西元十二世紀起，佛教就從它的發源地滅亡了，而且滅亡得非常徹底。看看今天的印度就清楚：印度教為主，伊斯蘭教為輔，而佛教徒占印度人口總數不到百分之〇‧八，[7]還是從幾十年前百分之〇‧〇八恢復過來的。可想當初佛教滅亡徹底到何種程度！

因此，所謂原始佛教，並非佛教流傳至今的一個流派，只是歷史長河中早已逝去的一個片段。近年來不斷有人重提原始佛教，但一缺

考古，二缺傳承。如果當作追溯佛陀本懷的理想，我十分贊同，但如果當作追求「原始」戒律，那不僅戒律「原始」得可疑，而且只怕走向時代的反面——豈不離佛陀救助世人的本懷更遠？

原始佛教時期之後，也就是在西元前四世紀左右，佛教分裂為二十多個部派，以不同的方式闡述佛陀的學說，朝不同的方向對外傳播。

II. 南傳佛教

最早傳播的路線是從印度向南，自西元前一世紀開始，二十個佛教部派中的一支（赤銅業部），經斯里蘭卡、緬甸，流傳到東南亞的泰國、柬埔寨、老撾等地，形成了今天的南傳佛教。

在教義上，南傳佛教宣稱自己代表佛陀的學說，指責其他學派「非佛說」。從時間上看，這種指責不完全符合事實。現今的所有佛教流派都形成於佛教分裂之後，距佛陀時代至少幾百年之遙，**因此要麼都是「非佛說」，要麼都是「佛陀的學說」，遠近不同罷了。**[8]

在經典上，南傳佛教以《南傳經藏》為依據，並增加了不少論著。

III. 北傳佛教

另一支傳播路線是從印度向西北，先是西元一世紀左右，佛教經西亞傳入中國，歷經東漢、魏、晉、南北朝、隋、唐，達到我國佛教的高峰。當時包括唐僧玄奘在內的大批中國僧人遠赴印度，西行求法，被梁啟超先生稱為「我國最早最偉大的留學生運動」。經中國文化融合後的佛教，於西元四世紀傳入朝鮮，於西元六世紀傳入日本，形成了今天的北傳佛教。

在教義上，北傳佛教強調救助眾生，指責南傳佛教自我解脫，因此常常自稱為「大乘」，意思是大車；貶低南傳佛教為「小乘」，意思是小車。從實際行動上看，這種貶低完全不符合事實。**只要對照慈**

悲的努力、道德的維護，南傳佛教從古至今都在關懷大眾，不用口號，
而用行動。

在經典上，北傳佛教不僅依據原始經典，還依據後出的大量佛經，
如《金剛經》、《心經》、《解深密經》、《楞嚴經》、《楞伽經》、
《無量壽經》、《法華經》、《華嚴經》等，多到數不勝數。相應地，
信奉這些佛經的教派，如唯識宗、天臺宗、華嚴宗、禪宗等，大都屬
於北傳佛教。

IV. 藏傳佛教

最後一條傳播路線是從印度向東北，於西元八世紀左右傳入中國
西藏，形成了今天藏傳佛教。

在教義上，藏傳佛教也叫祕密佛教。顧名思義，有祕密傳播的意
思，即強調上師對弟子祕密傳授，也被稱「密教」。除了祕密教義，
藏傳佛教中還增加了咒語、儀軌、法器，這些都是其他佛教流派所沒
有的。

在經典上，藏傳佛教由於形成的時間最晚，因此文獻最全，但相
應地離佛陀時代也最遠。

我之所以簡述佛教系統，只是希望告訴各位：佛教不只一種。源
頭不同、時間不同、佛經不同。這意味著，各位以前聽說過的佛教，
未必等於本書所講的佛教。

🌑 回到佛陀的學說

那你倒一定要問清楚了：這本書屬於哪宗哪派呢？

說實話，作者不希望隸屬於任何宗派，只希望回到離佛陀最近的
經典。具體來說，如無特殊說明，本書所有引用均出自《南傳經藏》
及《阿含經》。

這樣也好理解本書難以「歸宗」的原因：原始佛教會認為我引用了它的理想，南傳佛教、北傳佛教會認為我引用了它們的經典，而藏傳佛教會宣稱它已經包含一切。哪種都對得上，等於哪種都對不上。**要歸宗，就歸宗於佛陀的理性吧。**

於是我們邁出了第二步：回到佛陀的學說。

回到悉達多本人，回到佛陀的學說，都是為了縮小範圍。但為什麼要縮小範圍呢？

諸位朋友，已經入門的你還沒意識到：自己入的不是庭院，而是大海。君不見，學佛似乎永無止境，我說的還不是普通人，而是很多專家、學者、大師，都把大半生精力投入於佛學的汪洋之中。總結起來，學佛的難度有三：

第一，經典浩瀚。漢文《大正藏》就達兩萬三千卷、一億字之多，如果每天一卷，要六十三年才能讀一遍。恐怕各位讀不完吧。

第二，流派眾多。據說佛教有八萬四千種法門，中國佛教就有十宗之分，禪宗又自分出七種修行方法。恐怕各位修不完吧。

第三，彼此矛盾。原始佛教、南傳佛教、北傳佛教、藏傳佛教，出發點各不相同，如果單學一種還好說，但真要融會貫通，恐怕各位對比不過來吧。

要越過前三座大山——經典浩瀚、流派眾多、彼此矛盾，行色匆匆的讀者不禁要問：有什麼捷徑嗎？

我認為有！

第一點建議已在進行中：縮小範圍。回到悉達多本人，我們排除了一半內容——佛教中的神話；再回到悉達多本人的學說，我們又排除了剩下一半中的一半——佛教中的流派。

但光縮小範圍還不夠。因為即使回到悉達多本人，回到悉達多本人的學說，被縮小的範圍依然很大：從學科上看，分類太多；從教義上看，概念太多。我擔心如果像教科書般逐條列出，那讀者也會像讀

教科書般昏昏欲睡吧。

因此，第二點建議是：抓住主線。

🌑 生命的主線

什麼是悉達多學說的主線？

生命。

讓我們回顧一下他一生的興趣。從青年時期開始，他就困惑於生命的無常；王子出走，為的是尋找生命的祕密；六年的苦行，他體驗了什麼是生命之苦；菩提樹下，他覺悟到的是生命的真理；覺悟之後，他傳播的是生命的學說。

為此，他放棄了一切：王位、家庭、享樂、安逸。

為此，他從未回頭。其實我們每個人都曾突發奇想：今年想去非洲支援，明年想去北極探險，後年想去鄉村辦學，但往往還沒上路就已經改變主意；即使已經上路，一碰到困難又後悔當初，這時遇到回頭的機會——不用說，最早的決心早不見了！那悉達多呢？他是否回想過衣食無憂、美女如雲、叱吒風雲的日子？毫無跡象，這才是真正異於常人之處。

為此，他堅持到最後。覺悟後的佛陀，並沒像老子那樣功成身退，而是講經說法四十五年，教化眾生無數。

因此不管後面講到宗教、哲學、心理學，都請各位抓住這條主線：**悉達多學說是關於生命的學說。**[9]

或許有的讀者迫不及待地問：為什麼不把生命學說稱為心理學呢？

可以是可以，畢竟在心理學氾濫的今天，任何與「心」沾一點邊的，現在都可以自稱心理學，而佛學中的「心」又格外多。如果你接受這種標準，那也沒錯。但按照更嚴格的標準，我覺得應該先質疑：佛學真是心理學嗎？

　　一是佛學的內容遠遠超過心理學，它不僅包括宗教、哲學、心理學，甚至是否包含科學的成分也未可知。

　　二是這麼說不合乎學界的主流。看看各大學的學科設置吧：有把佛教設置在宗教系的，有把佛教設置在哲學系的，甚至有把佛教設置在中文系的。但聽說過哪所大學把佛教設置在心理學系嗎？好像沒有。

　　如此看來，**佛學與心理學的關係，至少需要論證才能成立。**

　　如果你同意，那我希望先給各位一個整體畫面（big picture），這個整體畫面就像一顆巨大的洋蔥，而我們要做的，是像剝洋蔥那樣，把悉達多的學說層層剝開，找到心理學所在的位置。這顆洋蔥令少數人著迷、多數人迷惑的外表，被稱為宗教。

11. 以自為洲，不太像宗教的宗教
──信仰與理性共存

　　這一章我們談談佛陀的宗教觀。看似與本書的主題無關，到本書最後你會發現宗教觀與之密不可分。

　　什麼是宗教？關於宗教的定義，牛津字典的描述是「對神及神類物的相信」，威廉‧詹姆斯稍加擴大為「人與神聖對象的關係」。[10]關於宗教的內容，通常的說法是包含以下要素：一部經典、一位教主和一種超越的學說。

　　佛教是不是宗教？看起來像「黑馬是不是馬」那樣不言而喻，其實學術界對此很有爭議，我們還是確認一下為好：首先，它今生有神靈、來世有輪迴，符合「神、神類物、神聖對象」的定義；其次，它有佛經、有佛陀、有成佛的超越，符合三個要素的內容。因此，**佛教是宗教無疑**。

　　事實上，佛教在歷史上的影響力如此之大，首先由於它是一門宗教。但前面我們提到「這門宗教不太像宗教」，否則就很難解釋它今天仍具影響力──想想看，在宗教情結普遍淡化的今天，為什麼佛教能重新引起世人的興趣？面對科學的質疑，為什麼佛教能自圓其說？分析起來，原因有三。

神不主宰

　　第一項說來奇怪，**就是佛教否認神的力量**。

　　別誤解，佛教中有神。佛教將世界分為幾層：在人間之上有天界，

在天界之中有「天人」。只是這些天人有點像凡人，何以見得？他們與我們一樣，也有生、老、病、死。你會問：不能永生，還能稱得上天人嗎？確實，天人更像平行宇宙中的另一種人，只不過待遇比我們好些、煩惱比我們少點罷了。

在天人之上，還有沒有更高的神呢？有倒是有，比如燃燈佛、如來佛、彌勒佛等。佛雖然脫離了生死的循環，但仍然有點像凡人，何以見得？一是其壽命成謎，有經典說佛有百千萬億劫的壽命，但仍有壽命，也有經典說佛不生不滅。[11] 更成謎的是，他們或者不願意拯救這個世界，或者無法拯救這個世界。你又會問：缺少了拯救的力量，還能叫什麼神嗎？確實，佛也像在平行宇宙中一般，並不介入我們這個世界的因果關係。

這樣的神當然與一般宗教中的神不同。可以說，**佛陀保留了神的存在，卻取消了神的全能。**

一個常見的爭論是：佛教是無神論還是有神論？說無神論吧，它有神；說有神論吧，它又否認神的力量。相對後一種說法來自佛教之外，容易澄清；前一種說法來自某些專業人士，澄清要費番工夫。

佛教是什麼論呢？

我們不妨用組合的方法分析：以有神和無神為一組條件，以有神力和無神力為另一組條件，不外乎四種可能。

組合一，無神、無神力。

組合二，無神、有神力。

組合三，有神、有神力。

組合四，有神、無神力。

需要說明的是，這裡的「有神」指的是「有明確的關於神的描述」。相反地，這裡的「無神」指的是「無明確的關於神的描述」，要麼否認神，要麼默認神。其中默認神，即只討論已知世界、不討論未知世界的學說格外多：科學和哲學屬於這種情況，儒家的「未知生焉知死」

屬於這種情況，不可知論和自然神論也屬於這種情況。

讓我們把四種組合對應起來就清楚了：

組合一「無神、無神力」，一般被稱為無神論，包括唯物主義、科學、哲學、儒家、自然神論、不可知論等學說。其中除了唯物主義堅決否認宗教之外，其他對宗教大都採取不承認、不否認、不討論的態度。這些學說共同點在於強調理性：不寄希望於神力，人類拯救自己。

組合二「無神、有神力」，不存在這種情況。

組合三「有神、有神力」，一般被稱有神論，包括基督教、伊斯蘭教、猶太教、印度教等宗教。它們既相信神，也相信神的全能：比如基督教的上帝、伊斯蘭教的阿拉、印度教的梵，都肩負著拯救生命、拯救靈魂、拯救世界的作用。這些宗教共同點在於強調非理性：寄希望於神力，神會拯救自己。

組合四「有神、無神力」，正是佛陀的學說。現在清楚了：佛教自成一體！我以為部分學者把佛教劃歸無神論，並非不知道問題所在，只是陷入了二分法的困境——**要終止有神無神的爭論，佛教不是另一選項，而是第四種選項！**

🔘 相信輪迴

各位先別急著為佛陀的宗教觀鼓掌，因為「神不主宰」這件事，其實難以獨存——神力並非虛設，取消神力是要付出代價的：

第一，神的意義懸空了——缺乏神力，神就無法主宰人，這樣的神即使存在，有何作用？

第二，人的意義懸空了——缺乏神力，人就缺乏獎勵，這樣的人生即使存在，有何希望？

第三，社會的意義懸空了——缺乏神力，人就缺乏懲罰，這樣的

社會即使存在，有何敬畏？

填補不了這三個真空，佛教就無法運行，而**佛教之所以能夠運行，全靠一個概念的補充：輪迴**。

各位理性的朋友，先別皺眉頭，請相信本書的作者同你一樣理性：輪迴是迷信不假，但連數學家畢達哥拉斯（Pythagoras）、哲學家尼采、心理學家羅傑斯都信輪迴，[12] 這就很不正常。顯然，**迷信也有迷信的邏輯**。

讓我們看看什麼是輪迴。

「輪」即「輪轉」的意思，「迴」即「循環」的意思，輪迴即生命的循環。佛教相信人生只是生命長河中的一段，無始無終、生死相續、永無盡頭。

輪迴的機制是業力推動。所謂業力，即行為產生的無形的力。佛教相信，好的行為造善業，壞的行為造惡業，業力推進著命運，甚至在這一輩子結束時，推進生命到下一輩子，是為「業感輪迴說」。

輪迴的結果是因果報應。善業會讓生命進入天道、神道、人道輪迴，惡業會讓生命進入畜生道、鬼道、地獄道輪迴。這輩子有怎樣的因，下輩子就會結出怎樣的果，是為「因果報應說」。

讓我們看看輪迴是如何填補三個真空的。

——輪迴如何讓神的存在有意義。

要知道，「業感輪迴」是指一般情況，此外還有一種特殊情況：如果我們修行得好，有一天可能修成正果，變為和佛陀一樣的神。那樣，輪迴就此結束，我們也成就了解脫的最終目標。

需要多久才能解脫呢？各佛教流派說法各異，不過佛陀自述經歷了無數輪迴才成佛。據此推論，我們這些凡人的智商、情商比佛陀差很遠，要修行無數代才有些許可能。慢雖慢，有目標總比沒目標好吧！

這就是為什麼佛教還不能沒有神的原因：神雖不主宰輪迴，卻為跳出輪迴設立了最終目標——成佛。設想沒有這個目標，艱苦修行的

吸引力何在？不再投胎的動力又何在？**反觀生命的痛苦、輪迴的無限，成為神的可能才變得格外有意義。**

——輪迴如何讓人的存在有意義。

一是過去的人生需要解釋。

心理學家勒溫（Kurt Lewin）指出：人需要相信自己生活在一個公正的世界裡。但如何解釋我們常見到的現象：好人有時貧困潦倒，壞人卻有時榮華富貴呢？

答案就在於輪迴，佛教會這樣解釋：某好人這輩子過得不好，是因為上輩子福報少，不過他現在行善，以後必將受益；某壞人這輩子過得好，是因為他上輩子福報多，不過他現在作惡，以後必受懲罰。

看來我們光說「善有善報、惡有惡報」不夠，還必須加上「不是不報，時候未到」。至於啥時報，誰也說不清楚——或者餘生報，或者來生報——反正總會報。這樣佛教才讓我們接受過去。

二是現在的人生需要珍惜。

解釋了過去，自然會覺得現在難得。但在佛陀時代，厭世風氣盛行，很多人說：生活太苦了，不如一死了之吧。結果自殺變得像今天吸毒一樣時髦。

佛陀反對自殺，理由在於輪迴。佛陀認為，首先今生難得，我們現在的生命是前世不知道做了多少善業才得來的；其次自殺解決不了問題，看似暫時中止的痛苦，實際不會中止，我們下輩子很快開始，還要延續這輩子未完的痛苦；最後佛陀把自殺計入一種罪，如果今生已經煩惱，那自殺就算罪上加罪。這樣佛教才讓我們珍惜人生。

三是未來的人生需要指導。

解釋了過去、珍惜了現在，我們自然會用未來多做好事，目標是爭取下輩子過得好些。更高的目標是爭取最終解脫成佛，那樣就不存在下輩子的問題了。

以上的過去、現在、未來，還可以擴大到前世、今生、來世。**如**

此連續的人生，才能帶來連續的人生意義。

——輪迴如何讓社會的存在有意義。

個人需要指導，社會也需要指導，如果人人陷入混亂，社會也會陷入混亂：一種可能是悲觀厭世流行，一種可能是為非作歹橫行，一種可能是及時行樂遍行。想想看，如果活著就活著、死了就死了，上述惡行就很合邏輯，即使我們嘴上不承認，心裡也難否認。

有人會說：可以道德教育啊。我倒要反問：真的嗎？無數事實證明：在誘惑面前，在危害面前，道德教育的力量很有限。君不見，大家嘴上都唱高調，行動上卻無公德，至於這是怎樣一種社會，就不多講了吧。相反地，由於輪迴中的因果報應，**社會秩序才被賦予超越今生的意義，無論朝代更替、高調低調，都代表著宇宙的法則。**

所以別小看輪迴的邏輯：它是人、社會、神之間的關鍵連接。此外，我還可以補充說：因為輪迴，佛教才變為真正的宗教。想想看，佛教已經取消了神的力量，如果再沒有輪迴，不就只剩下物質的「我」在循環了嗎？那正是佛陀最反對的「邪命外道」。所以說，佛教可以沒有神力，卻不可以沒輪迴；既然已經沒神力，就必須有輪迴！

接下來，如果各位真相信了輪迴，就難免「更長遠」地關心自己的前途：要想餘生過得好些、來世輪迴得順些，我們該靠誰呢？

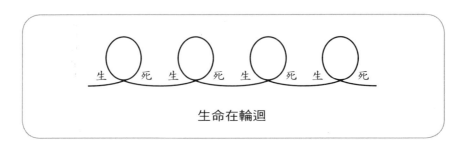

生命在輪迴

🌑 以自為洲

佛教不太像宗教的第二個原因是：**它讓我們全靠自己。**

據記載，佛陀在臨終前一年，感覺自己時日無多，叮囑弟子說：應以自為洲、以自為依處，不以其他為依處。[13] 意思是以自己為彼岸，以自己為依靠，不要依靠其他。當我最早學習佛教的時候，曾經很為這句話所感動，在這個追求獨立人格的時代，我想「以自為洲」也會感動無數現代人的心靈吧。

請注意，佛陀放棄了幾種最常見的宗教選擇：

首先，佛陀沒有讓人依靠天上的神。佛陀不承認神的力量，當然不會考慮這種選擇。

其次，佛陀沒有讓人依靠他自己。照理說這原本是最合乎情理的選擇，但根據佛陀的理論，即使自己升天成佛後，也不可能改變弟子們的命運。

再次，佛陀沒有讓人依靠弟子或組織。我們知道，很多宗教都有神在地上的代言人：希臘神話中，奧林匹亞山上的神都庇護世間的代言人；基督教中，上帝透過教會代言；伊斯蘭教中，阿拉透過穆罕默德代言。而佛陀臨終前明明有僧團在旁，卻指示「以自為洲」，令今人深思。

最後，佛陀沒有讓人依靠神通。需要說明，佛陀為了順應古印度的傳統，並未否定神通，但反對使用神通——無異於變相否定。有一次，當被邀請施展法術時，佛陀說：我對神通神變帶來的麻煩，反感、慚愧、迴避。[14] 我們不妨這樣理解：**如果連神力都不能依靠，那憑什麼能依靠人的法力呢？**

看來，天上指望不了、地上指望不了，佛陀讓我們完全自救！但自救也要有方法才行啊！

神祕而理性

佛教不太像宗教的第三個原因是：**它讓信仰與理性共存。**

佛教的信仰可以理解，因為剛剛講了，佛陀的學說首先是一門宗教。從燒香拜佛的儀式上看，人們會以為佛教的信仰先於理性。

佛教的理性也可以理解，因為「以自為依」，就要依靠正確認知。從正確認知的內容上，人們又會以為佛教的理性重於信仰。

加到一起就有問題了：為什麼除了佛教，沒見到其他哪門學說這樣做呢？倒不是其他學說有問題，而是佛學太另類。

要知道，**信仰與理性原本就很難共存。**世界上絕大多數宗教信仰的對象都是神，這就引發了神與理性的對立：一方面，神容不下理性，神禁止懷疑；另一方面，理性也容不下神，理性需要懷疑，在值得懷疑的名單中，名列第一的就是神。結果信神與理性無法共存。請注意，這裡無法共存的是信神，不是信仰。

佛教如何解決上述的矛盾呢？祕訣在於：它所信仰的不是神，而是輪迴。於是迴避了神與理性的對立：一方面，由於不信神，佛教容得下理性；另一方面，由於信輪迴，佛教又容得下信仰。結果輪迴與理性可以共存。

$$信　神　\times　理性$$
$$信輪迴　\sqrt{}　理性$$

這個祕訣不僅為佛陀發現，也被畢達哥拉斯、尼采、羅傑斯發現。這就是為什麼這些數學家、哲學家、心理學家也迷信的原因：**輪迴是迷信不假，卻是唯一能容下理性的迷信！**

現在，可以為佛陀的宗教觀熱烈鼓掌了！

🌑 神祕歸神祕，理性歸理性

好，理性與神祕，難得共存於佛教之中。對現代人來說意義何在？

意義就在於：理性這劑良藥能治好理性的病，神祕這劑良藥能治好神祕的病，世界上的大多數學說，不是屬於前者，就是屬於後者，**而唯有佛教，能同時治好世人的兩種心病！**

首先別小看佛教的神祕，它解決理性解決不了的問題。

且不說歷史上的燒香拜佛是對是錯，我只想說：宗教拯救過人類心靈的數量，遠超過科學、哲學、心理學加起來拯救過人類心靈的總數。歷史上如此，現在依然如此。世界上大多數地區的大多數人，都抱有對靈魂的渴求：誰不希望知道自己的生命不會結束？誰不希望對存在另一個世界還有期盼？且不爭論終極關懷存不存在，我只想說：信仰帶來希望。

當然更別小看佛教的理性，它回應了新時代及新一代的呼聲。

相對於世界上其他宗教，佛教尤其以理性為其特徵。或許有人說，基督教、伊斯蘭教、印度教、猶太教不也講理性嗎？沒錯，那是神賜的禮物、信仰的附屬。但佛教中的理性是自由的、自主的，證據就是：佛教強調實證，而實證的主體不是神，只能是各位自己！

所以，最好別二選一。佛教只有既信仰、也理性，才能保持它特立獨行的魅力。

不過，最好也別二合一。比如有人為了解釋佛教的這種特質，稱其為「理性的宗教」。雖說出於好意，但恐怕在語法上就講不通：宗教意味著神祕，理性的宗教意味著理性的神祕，豈不令人費解？

甚至連「神祕與理性共存」這句話，也有待更好地表述。佛陀時代的人們還分不清理性與神祕，而現代人已經非要分個究竟。費力說明本章的內容固然可能，但有沒有更容易的辦法呢？

有！把來世的神聖與今生的世俗分開。

不是二選一，不是二合一，而是一分為二。

《聖經》中有個小故事，說曾經有人問耶穌要不要給政府納稅。如果把這個問題問凡人倒不算什麼，但問一位宗教領袖就算刁難：想想看，假設耶穌回答肯定，就觸犯了上帝的權威，有瀆神罪的嫌疑；假設耶穌回答否定，又觸犯了政府的權威，有造反罪的嫌疑。但耶穌回答說：「讓上帝的歸上帝，讓凱撒的歸凱撒。」[15]

如此大智慧，我們借鑑一下：**讓神祕的歸神祕，讓理性的歸理性！**

12. 以法為洲，不太夠哲學的哲學
──以一法破萬法

上一章談了佛陀的宗教觀，這一章談下佛陀的世界觀。世界觀也與我們的主題「悉達多的心理學」密不可分：

它與「心理學」有關，因為世界觀屬於哲學──廣義的心理學包含哲學，而廣義的哲學又包含心理學。通俗地講，心靈的道理離不開世界的道理。

它與「悉達多」有關，因為佛陀在「以自為洲，以自為依處，不以其他為依處」之後，下一句是「以法為洲，以法為依處，不以其他為依處」。[16] 即以法則為彼岸，以法則為依靠。什麼法則呢？世界的法則。

這並不奇怪，自古以來我們的祖先就思考這樣的問題：萬物運行得井然有序，現象的規律為何？背後的本質何在？佛教在歷史上的影響力不僅由於宗教，還由於它對上述問題的回答──簡潔有力！

🔵 佛教的基本法

世界的法則千條萬條，佛陀總結出最基本的一條：**因緣法**。

何為因緣法？

說得通俗點就是：因加緣，結為果。打個比方吧，各位早上起床，會以為自己起來的。但在佛教看來，世界上沒有你獨立起床這回事，有的只是因與緣的結合。何為因？你是因，否則起來的不會是你；床也是因，否則你會起在另一個地方或另一個世界。光有因還不夠，還

要有緣才行。何為緣？各位睡了七、八個小時，身體機能發生了變化，再加夜間未遇到地震，床還仍在那裡，都是緣。當然因緣既能結合，也能離散，所以各位又會再臥床、再起床。我們不妨這樣理解：事物是因，過程是緣，而結果——本來就無所謂結果。

```
              緣
因 --------------------------- 果
```

再說得專業點就是：元素，加上元素間的結合，結合為新的元素。這個公式中，前面的元素叫做因，中間的結合叫做緣，後面的元素叫做果。為什麼要用元素這個詞呢？元素代表了世界的基本組成。我們從元素說起是為了說明：元素如此，則萬事萬物如此。[17]

```
                結合
元素 ------------------------- 新元素
```

因緣法聽起來如此簡單，以至於有人問：這不就是因果規律嗎？

我們知道，正如佛學講因緣法，科學也講因果規律，從萬有引力，到化學反應，到條件反射，科學建立在因果規律的前提上。因果規律與因緣法有何不同？我們從三方面來比較。

首先在本質上，它們都屬於因果關係——但一個清晰，一個模糊。

因果規律很清晰，科學的眼中容不進沙子，以至於必須明確什麼是因、什麼是果、什麼條件甚至什麼概率。這樣才稱得上清晰的規律。

而因緣法很模糊，佛陀從來沒有明確過因有幾個元素、果有幾個元素、緣有何等條件，他只是模糊地說：世界有因有緣，因緣和合，因緣離散。

其次在內容中，它們都包括物質與人——但一個排除人的意志，一個包括人的意志。

　　科學的因果規律，僅限於自然規律，不包括自由意志，前者可以預測，後者無法預測。舉例來說，我現在手中拿著一顆蘋果，科學家能判斷我如何處理嗎？恐怕不能。事實上我有無數選擇：可能吃掉它，可能扔掉它，可能與人分享它，可能把它送人，可能把它放回冰箱……這就是我的自由意志。

　　而佛學的因緣法，則把自由意志納入因果關係。它是如何解決上述矛盾的呢？很簡單：因緣法本來就不清晰！本來就模糊！以上面的蘋果為例，佛陀認為：不管你怎麼決定，都屬於因，與緣結合，都會產生果。這樣，人的意志也被模糊成因緣鏈條中的一環。

　　最後在地位上，它們都很重要——但一個值得懷疑，一個不容懷疑。

　　在西方科學中，因果規律不僅可以懷疑，而且已被證明值得懷疑。早在幾百年前，英國學者休謨在其《人性論》中，就否定了因果的絕對性：根據亞里斯多德提出的「一切知識來自感覺經驗」，人們能感覺「因」的現象，也能感覺「果」的現象，可能感覺現象之間的關聯嗎？不能。以太陽能把石頭晒熱來說吧，人們能感覺到陽光這件事，也能感覺到石頭變熱這件事，但兩件事之間的關聯呢？全憑推理，無法感覺，這就值得懷疑！休謨的懷疑論如此徹底，以至於沒人能推翻。[18]從此，因果關係只能被解釋為一種心理習慣——「從因聯想到果」的習慣。

　　而在佛教中，因緣法是不容懷疑的。你看，佛陀講因緣法，既沒提供論據，也沒提供論證，只要求大家無條件地接受這種基本信念：因緣法是宇宙的基本法。

　　透過比較，各位了解了因緣法中的「因緣」，下面來了解因緣法中的「法」。

以法為洲

如果我們翻開佛教的原始經典，就能看到「法」的幾種用途：可能是元素，可能是法則，可能是法規，可能是教法。

既然這麼多種可能，為什麼說「以法為洲」的「法」是因緣法呢？原因在於，就像桌子、椅子、書架、大樹等在本質上都是木材那樣，在上述「法」的具體形式背後，一切法的基本法都是因緣法。

之所以如此肯定，基於三點理由。

理由一，**因緣法才能代表佛教的共性**。我們講了世界佛教千差萬別，共同之處何在呢？因緣法。一位泰國佛教人士這樣描述：人們以為有不同類型的水，雨水、渠水、井水、地下水、海水、河水等，但如果忽略水中的雜物，再忽略水的位置，這些水就沒有什麼不同：它們都由水分子組成。對佛教的水來說，水分子就是因緣法。不用說水的合成體，就連水分子本身，都由更小的因緣組成。[19] 我們可以設想，假如沒有因緣法貫穿，已經分裂的世界佛教就將從教義上徹底分裂。

理由二，**因緣法才符合佛陀描述的「法」的特性**。

哪些特性呢？

佛陀說「法」是普遍的，存在於一切事物之中，不限於僧團、寺廟、經典之中。常說「佛法無邊」，因緣法不隨空間改變，它自然「無邊」。

佛說「法」是永恆的，在佛陀之前就存在，在佛陀之後也將存在。常說「佛法常住」，因緣法不隨時間改變，它自然「常住」。

佛說「法」是可以被認識的，沒有被他創造，只是被他發現，就像牛頓並沒有創造而只是發現萬有引力一樣。常說「人人皆有佛性」，即人人皆有認識真理的能力，而因緣法，正是這種人人皆可認識的自然真理。

顯然，佛陀泛泛所指的「法」就是因緣法。

　　如果前兩點不夠分量，我還有第三點理由：**因緣法以一法破萬法！**

　　這裡的「一法」即基本法。不同於重要法可以有很多條，基本法只能有一條。因緣法要成為基本法，那全部佛法都必須由它衍生，哪怕一條佛法獨立在外都不行。於是問題就變為：會不會存在這樣一種可能，因緣法是法，某法也是法，兩者互不隸屬呢？

　　我可以明確回答：不可能！

　　各位可能還沒有意識到，因緣法是非常奇怪的排他法——只要它存在，其他法則就無法獨立存在！這得開動腦筋才能想清楚：

　　既然一切都因緣和合、因緣離散；

　　那麼一切也包含法則；

　　那麼法則也因緣和合、因緣離散；

　　那麼任何法則，必然是因緣法的衍生！

　　這就叫「一法破萬法」。它沒有聽起來那麼神祕，只是說任何法與因緣法都只能相符，不可能相悖。如果用反證法：假設某法則非因緣所生，那它就違反因緣和合、因緣離散的道理，那它就不再屬於這個世界，那它就不再是這個世界的法則！

　　這又叫「法無定法」。它也沒有聽起來那麼神祕，只是說所有法則都變動不居，連因緣法本身也包括在內！

　　既然「破萬法」、「無定法」，那麼佛教的基本法還不能多條，只能一條：因緣法。

　　我們講了沒問題的「法」，再澄清一下有問題的「法」。

　　比如，我們能不能把「法」理解為佛法呢？

　　可以是可以，只不過這個詞太籠統。籠統往往帶來神祕，說來奇怪，神祕是佛陀最不希望見到的佛法。[20] 如果我們追問什麼是佛法，還要回到什麼是「法」：它可能是萬事萬物，可能是佛陀的法則，可能是佛陀的法規，更可能是佛陀的教法。其實無論哪種，都比籠統和神祕更近佛法。

又比如，我們能不能把「法」理解為法力呢？

絕不可以！我們能接受各種不同用途的「法」，唯一不能接受的就是法力。常聽到有人把「佛法無邊」神祕化，好像佛陀的法力無邊似的；又有人把「佛法常住」神祕化，好像佛陀的法力永遠存在似的。

在邪教盛行的今天，佛教亟需澄清：

第一，法力有違經典——我們在原始經典中，完全找不到把「法」當作法力的用途。

第二，法力有違教義——佛陀強調以自為依、以法為依，因此佛法主流歷來堅持「依法不依人」。

可以說，最反佛法的，莫過於法力！

理解了因緣，也理解了法，意義何在呢？

● 佛教的世界觀

因緣法如此簡單，以至於佛陀用它來解釋世界的一切。

首先，因緣法解釋了現象。

——現象無主宰。

世界如此紛繁，為什麼我們厭惡的現象偏偏出現、我們喜歡的現象偏偏沒出現？佛陀解釋道：此有故彼有，此無故彼無。[20] 這是空間上的因緣法。

——現象在變動。

世界流轉不息，為什麼好事、好心情不能持久？壞事、壞心情卻揮之不去？佛陀解釋道：此生故彼生，此滅故彼滅。[20] 這是時間上的因緣法。

——現象不單一。

世界相互關聯，小到極微——分子、原子、質子、電子關聯成網，組成了物質；大到無限——地球、月亮、太陽、星河關聯成網，組成

了宇宙。但關聯的機制何在？因與緣的和合、因與緣的離散。

今天這已被科學證實：我們看到的紙張、家居，總有一天會化為肥料，被生物利用後變成木材，再變成新的家居、紙張。自然界如此循環，人類何嘗不也如此循環。我們照鏡子看到的自己，每隔七年就會更新所有細胞，原料來自地球上的其他物質。從元素到整體，都在因緣中循環，毫無例外！

其次，因緣法解釋了本質。

西方哲學認為，現象與本質不同，前者是短暫而有限的表象，後者是永恆而無限的存在。這種判斷並非憑空而來，它來自對本質的嚮往：萬物有生有死，神卻永垂不朽。

佛教則認為，現象與本質無絕對不同，前者是粗因緣，後者是細因緣，只是粗細不同而已。這種判斷也非憑空而來，它來自佛教獨特的觀察，假如在禪定中「觀」現象、「觀」本質，就會發現它們屬性一樣：因緣和合、因緣離散。

甚至，因緣法解釋了另一個世界。

相對於科學解釋了今生今世，佛學則解釋了生生世世。佛教認為，生命是永恆的，因緣法是跨越生死的。假如此刻「觀」生、「觀」滅，再去想像過去世、現在世、未來世，就會理解它們法則一樣：因緣和合、因緣離散。

這再次印證了輪迴的意義：它不是佛教中的信念，而是佛學中的必需——假如因緣法只在今生有效，卻於未來斷滅，就不成其為無限之法了。相反地，由於不僅無限的空間，而且無限的時間（輪迴），都按照因緣法運行，才讓「一法」遍及「萬法」。

於是，佛陀世界觀與宗教觀融為一體：

第一，神不主宰生命和輪迴。

第二，因緣主宰了生命和輪迴。

第三，唯一能改變因緣的只有我們自己。

結論是：依靠自己、依靠因緣，即以自為依、以法為依。開玩笑地說，佛陀把「神的宗教」變成了「因緣的宗教」。

當然這只算玩笑，事實上，因緣法毫無宗教神祕可言，它不過是對自然規律的樸實描述罷了。但自然規律這個詞，怎麼聽起來有點科學的影子呢？

● 像科學卻非科學

我們回答一個常見的問題：佛教是不是科學？

比如電視節目《佛教與科學》，把佛教描述為一門古老的科學；還有很多頌揚佛教的書，也持類似的觀點。我不反對頌揚佛教，但實事求是地講：佛學僅僅像科學而已。

「像」的原因在於兩者相容，這聽起來著實令人詫異。要知道在歐洲近代史上，曾出現科學與基督教長達數百年的激烈衝突，最終以科學勝利而告終，但至今為止，各位很少聽說佛教與科學的爭論。為什麼呢？

我認為原因有二：

首先，佛學與科學一樣，都強調理性。比如兩者都尋求法則，只不過科學給出的因果關係比較細緻，而佛教給出的因緣法比較籠統。再如兩者都強調實證，只不過科學以實驗為實證，而佛陀以經驗為實證。又如兩者都強調懷疑，只不過科學懷疑假設，而佛教懷疑常識——後面講到的關於單一、不變、主宰的常識。[21]可以說，在追求理性的態度上，佛學與科學高度一致。

其次，佛教提出的某些構想與現代科學不謀而合。簡而言之，佛教質疑時空的真實性，為現代物理學中的量子力學所印證；再如，佛教質疑語言的真實性，在兩千多年後引起了現代分析哲學的共鳴；又如，佛教質疑感覺的真實性，與西方哲學中從柏拉圖到康德的說法類

似。如此等等。我只能解釋說，佛陀是位驚人的「觀察者」，後面會講到他的觀察方法。

但佛學像科學，不表示它就是科學。

即便不談佛教的神祕，只談佛學的理性，它仍然不是科學，為什麼呢？

首先從科學的定義上看，佛學雖有實證，卻不等於科學的證實。我們知道，科學的實證包括實驗、觀察、歸納、假設等一系列流程，還包括客觀性、準確性、普遍性等一系列標準。正因為有流程、有標準，科學有辦法檢驗佛學；反過來，佛學卻沒辦法檢驗科學！

從更嚴格的科學的定義上看，**佛學不足以證偽，這是它與科學之間的分水嶺。**佛教中的大多數理論，如不信神力、信輪迴，都可以解釋一切卻永遠不會出錯——根據波普爾的邏輯，正好證明不是科學！

請不要以為一本宣揚佛學的書在貶低佛學，不僅我們在就事論事，而且此事還不是佛學的錯。要知道，科學的出現是人類歷史上的偉大偶然，可以設想：不僅佛學，就算儒家、道家、基督教、伊斯蘭教、猶太教再發展幾千年，也都產生不了真正的科學。科學就偶然到這個地步！

🌑 不太夠哲學的哲學

既然不是科學，那佛學是不是哲學？

我們先弄清楚什麼是哲學。

關於哲學的定義，大師羅素精闢地描述為「介乎神學與科學之間的無人之域」。[22] 也就是說，如果各位發現某種學說很理性，卻又無法像科學那樣證實、證偽，那各位就發現了哲學。關於哲學的內容，講得專業些，它包含本體論、認識論、實踐論等；講得通俗些，它包含世界觀、社會觀、人生觀等。

我們來確認佛學是不是哲學。

首先，因緣法自身就既理性又非科學，符合哲學的定義。其次（再簡而言之），佛學中有本體論——因緣法，認識論——五蘊說實踐論——八正道，符合哲學的內容。因此，**佛學是哲學沒錯。**

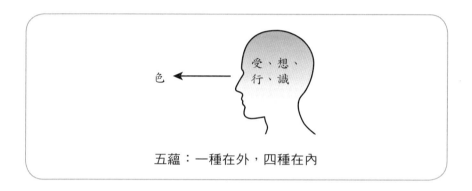

五蘊：一種在外，四種在內

但換一個角度看，佛學又不太夠哲學。比如我們從世界觀、社會觀、人生觀角度分析，就會發現這門哲學——「嚴重偏科」。

你看，佛陀不怎麼關心世界。

一個證據是，佛陀講世界觀只講因緣法，講完這條就戛然而止了。誰見過如此單薄的世界觀呢？另一個證據是，佛陀把世界分為五種組成——物質、感受、判斷、意志、意識，其中物質占了一項，精神占了四項。即使這僅存的一項，還不包括全部物質，只包括我們能感知的部分，理由很簡單：佛教承認客觀世界的存在，卻認為只在能被感知的前提下，客觀世界才與生命有關，否則就無關！

反觀西方哲學，從希臘時代開始，就對什麼是世界的本源充滿好奇；即使在中國哲學中，儒家強調格物致知，道家以自然為懷。相較起來，佛陀對自然界的興趣很淡、很淡。所以說，世界觀不是佛陀學說的重點。

再看，佛陀也不怎麼關心改造社會。

　　我們從佛陀留下的原始經典中，很難找到改變社會的學說。有人會反駁我說：印度社會存在種姓歧視，而佛陀強調種姓平等，不是社會革命嗎？確實，佛陀曾經重用一名奴隸出身的僧侶做自己的助手，但佛陀這麼做的理由，僅僅是以出家人的名義。佛陀說：正如所有的大河匯入大海後，都放棄河名而叫大海，四種姓按照佛陀的法律成為出家人後，也放棄原名而叫佛弟子。[23] 看來佛陀的理念固然革命，卻範圍有限。事實也如此：佛陀從來沒號召社會大眾起來要求平等。

　　也有人會反駁我說：佛陀自己不在身體力行改造社會嗎？沒錯，佛陀一生講經說法，確實有這樣的實際效果，但並非出於這樣的目的。佛陀說：首先於自己，安置正法道，然後誨他人，賢者將無過。[24] 你看，他人都要在自己之後，那社會大目標不就更靠後了嗎？

　　至於為什麼會這樣，還是因為佛陀志不在此。從他的一生即可看出：佛陀早年逃離王宮，放棄王位；在創立佛教之後雖與各國王多次對話，卻很少像孔子、孟子、墨子、韓非子那樣參政議政，即便偶爾提到「轉法輪王」，也沒有什麼具體措施。最典型的例子，莫過於當祖國行將滅亡時，佛陀勸阻不成也就放下了，他對世間的興趣，到此為止。所以說，社會觀也不是佛陀學說的重點。

　　但你看，佛陀非常關注人生。

　　這倒很好理解，我們講了「佛陀的學說是生命的學說」，不過萬事有利有弊，這句話反過來意味著：此學說最不關心環境。**我們不禁要問：如此少世界觀、少社會觀，僅人生觀，能算夠哲學嗎？恐怕不夠。**

　　要說佛學不太夠哲學，我們還可以從另一個角度分析。哲學的原意是愛智慧，愛智慧就要愛討論，哪怕費時、費力、沒實用價值。事實上，愈費時、費力、沒實用價值，才愈襯托對智慧的真愛，才愈夠哲學！

　　但到佛陀那裡，他只關心實用價值，以致拒絕回答這些問題[25]：

- 世界永遠，還是暫時？
- 世界有邊，還是無邊？
- 身體與靈魂相同，還是不同？
- 佛陀死後存在，還是不在？

　　類似的問題佛陀不只被問過一次，而是在不同場合被不同人問過幾次。說明什麼呢？首先，大家覺得佛陀能夠回答、應該回答，否則就不會反覆問。其次，在當時的印度這些都屬於「熱門問題」，否則在資訊嚴重不流通的情況下，不可能幾次問得那麼相似。無獨有偶，如果把上述問題中的佛陀兩字去掉，就變成了西方哲學中的「熱門問題」。

　　結果呢？佛陀多次沉默不語，只有一次給出了一個比喻，他說：某人被毒箭射中，他的同事、家人急著為他請醫師治療，怎料傷者卻不疾不徐地問：誰射的箭？什麼高矮？什麼出身？什麼名字？什麼膚色？接著又問：哪種箭？怎樣的弓？怎樣的弦？怎樣的羽？怎樣的毒藥？還誓言沒結果就不拔箭，結果傷者還沒弄清答案就死去了。

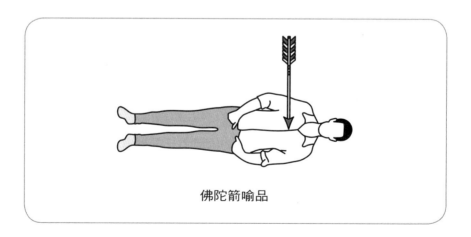

佛陀箭喻品

接著，佛陀表態對討論問題不感興趣，他說：為什麼不予說明？因為它們無用，無助於修行，無助於解脫，無助於智慧，無助於覺醒，無助於平靜。[26]

佛陀表態只對解決問題感興趣，他說：我說明這是苦的現象，這是苦的升起，這是苦的消滅，這是滅苦之道。為什麼予以說明？因為它們有用，有助於修行，有助於厭離，有助於智慧，有助於覺醒，有助於平靜。[26]

我們又不禁要問：如此不討論問題，只解決問題，能算夠哲學嗎？恐怕也不夠。

「不太夠宗教的宗教」、「不太夠哲學的哲學」，對現代人來說聽著奇怪，但對佛陀來說太正常不過。想一想，為什麼先請各位「抓住主線」？因為不管我們現代人如何細分——世界觀也好，社會觀也好，人生觀也好——在佛陀那裡，歸根究柢都是為了一個目標：解決生命的問題。

在抓住主線的同時，讓我們也進一步縮小範圍：關於佛陀的學說，之前剝去了這顆洋蔥最外面一層宗教，現在再剝去中間一層哲學，剩下就是這顆洋蔥中最純潔、最有營養的核心了。

13. 佛說心理：從苦開始
—— 人生真的苦嗎？

　　了解「整體畫面」之後，我們該進入主題了。佛陀觀世界，為的是觀人生。佛陀的人生觀主要有三個：**無常、苦、無我**。這三個概念對佛教如此重要，以至於常常被稱為「三法印」，意思是像三枚印章那樣重要。但它們是不是像三枚印章那樣彼此獨立呢？不。它們不僅同源，而且同歸。

　　所謂同源，即它們從哪裡來。

　　當然從因緣法而來。如果不清楚這點，各位會以為佛教的概念很多、很散：有人把佛教稱為「因緣說」，有人把佛教稱為「無常說」，有人把佛教稱為「苦的學說」，有人把佛教稱為「無我說」。

　　說很多沒錯，說很散未必，因為佛教概念之間是關聯的：因緣法主要講自然，相當於世界觀；無常、苦、無我主要講生命，相當於人生觀。常說「世界觀決定人生觀」，佛教尤其如此。如果未了解這點而進入佛學的理論與方法，難免會忽略理論與方法的根本：什麼造成了無常？什麼造成了苦？什麼造成了無我？源頭都在因緣法。這也是我們先從「整體畫面」開始的緣故。

　　所謂同歸，即它們向哪裡去？

　　當然向解決生命問題而去。我們知道，佛陀是講求實用價值的，不會憑空提出幾項教義卻無助於解決人生的問題。但人生要解決的問題很多，佛陀從哪裡入手呢？苦。

🔵 從苦入手

佛陀用苦，貫穿了人生。

什麼是人生的苦？生、老、病、死是苦，憂、悲、惱、苦是苦。你可能說，這些都是自然界的普遍現象啊！沒錯，動物、植物也苦，但人類格外苦。原因在於：動植物只有感覺，只有淺層的苦；而人類還有思維和情緒，多了深層的苦，可謂苦上加苦。

佛陀用苦，貫穿了人類。

什麼是人類的苦？天災人禍是苦，戰爭饑荒是苦，利益衝突是苦。全世界的民族都有苦，過去和現在都有苦，苦的共鳴，讓佛教跨越時間與空間，成為全人類的共同智慧。

如果說因緣法貫穿了佛教內部，那麼「苦」就貫穿了佛教與人。

我們不禁要問：這麼重要的話題，難道沒有其他學說討論過嗎？

有倒是有，多少都會涉及一點，但世界上以「苦」為專題的恐怕只有佛教。我們知道，任何一門流傳至今的學說都找對了切入點：或者解決世人想解決的某個問題，或者關注世人都關注的某個話題。比如，西方哲學的切入點是「愛智慧」，基督教的切入點是「愛上帝」；又如，中國儒家要解決「人與社會」的問題，道家要解決「人與自然」的問題；再如，現代科學關注「客觀規律」，心理學關注「意識與行為」。這些學說為什麼不「以苦為題」呢？反過來講，佛陀的學說為什麼不以上述主題為切入點呢？

我想，一是目的不同：佛陀的學說以解決問題為目的，不以求知為目的，這就排除了哲學和科學，而剩下的基督教、伊斯蘭教、猶太教、儒家、道家又相對關心社會問題，佛陀志不在此。二是方法不同，佛教的方法不靠上帝、不靠社會、不靠自然，只靠自己。兩個條件加起來，**佛陀想解決的問題、能解決的問題，首當其衝就是苦的問題。**

看來佛陀從苦入手談人生，著實與眾不同。但問題是：人生真的

苦嗎？要回答這個問題，我們要先回答：什麼是「苦」？

什麼是苦

「苦」之所以不簡單，首先因為這個詞有多重涵義。

佛教中的苦是翻譯而來的，[27] 在印度梵文中有變動、敗壞的意思。因此：

苦的第一層意思是變動之苦。比如今日陽光普照，明日狂風暴雨，世界永遠處於變動之中，佛陀稱之為「行苦」。[28]

苦的第二層意思是敗壞之苦。比如人無百日好，花無百日紅，好的東西無法持久，佛陀稱之為「壞苦」。[28]

上述兩層意思，可以說是苦的本意。

請注意至此為止，苦是客觀的。因為變動、敗壞都來自客觀世界，我們還沒做任何主觀反應，苦就已經在那裡了。這與痛苦不同，痛苦一定是主觀的。

至此為止，苦也是中性的。你可能說，變動是中性的好理解，但敗壞是負面的嗎？其實敗壞有兩種可能：好的事情可能變壞，壞的事情可能變好。即便從好變壞的情況，也先變好、後變壞，不可能完全負面。這又與痛苦不同，痛苦一定是負面的。

上述解釋——苦是客觀的、苦是中性的、苦不是痛苦——常常被用來說明「佛教並不悲觀」。合不合理呢？

不合理，讓苦擺脫痛苦，無異於自欺欺人。問題在於：苦字的中文在先，苦字的翻譯在後。如果梵文中僅有變動、敗壞的意思，為什麼不把佛教中的苦翻譯為「變」或「易」或「動」或「壞」呢？為什麼不把人生是苦翻譯為「人生在變」呢？顯然，苦的涵義不止於變化、敗壞兩層意思。更合理的說法是：本意的客觀、中性不假，但現實中容易轉化為主觀、負面也沒錯。

這就是苦的第三層涵義：痛苦。即我們對前兩種苦的心理反應，可謂苦上加苦，佛陀稱之為「苦苦」。[28]

變動之苦、敗壞之苦，加上痛苦，才是苦的完整定義。

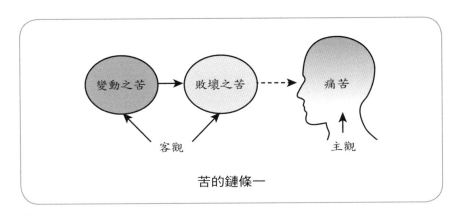

苦的鏈條一

但「完整」不意味著每種定義同時出現才「完整」。

其中，只有第一種苦——變動之苦，才百分之百發生。日月流轉，思緒奔騰，滄海桑田。變動必然發生。

到了第二種苦——敗壞之苦，必然性就降低了。比如我們把一顆種子埋在地裡，它可能自行腐爛，也可能自行發芽。不過佛學認為：種子即使發芽，總有一天會成熟；成熟以後，總有一天會腐爛。敗壞終將發生。

再到第三種苦——痛苦，必然性就更低了，甚至毫無必然可言。因為面對世界的變動、敗壞，我們可以反應也可以不反應。事實上，整個佛學都在教人如何不反應，不過這麼教的原因在於，佛學認為世人對客觀之苦的主觀反應很正常。痛苦趨向於發生。

現在我們知道苦不簡單在哪裡了：它有三重涵義，還對應著三重遞減的可能性。

為了進一步理解苦，我們還要澄清兩個相關的概念：無常故苦、一切皆苦。

🌑 無常故苦、一切皆苦

何謂「無常故苦」？[29]

換個問法就是：苦從何來？在苦的三重涵義中，我們已經看到**苦的鏈條：從變動，到敗壞，到痛苦**。如果向前追溯：什麼產生了變動？答案是無常。

所謂無常，從字面上看，就是沒有恆常。這不難理解，既然因緣在和合、因緣在離散，那恆常不正常，無常才正常。萬事萬物無不如此。所以佛陀說：一切行無常。[30]

有人會說：這不是東西方學說的共同說法嗎？在西方，希臘哲學家赫拉克利特（Heraclitus）說：人不能兩次踏進同一條河流；在東方，孔子說：逝者如斯夫，不舍晝夜；老子也說：飄風不終朝，驟雨不終日。沒錯，思想家們都在強調世界變動的本質。

但別忘了，佛陀的重點不同：雖然包括世界，著力卻在生命。佛陀反覆、細數「五蘊」無常，[31] 即五種組成不恆常：身體不恆常、情緒不恆常、判斷不恆常、意志不恆常、意識不恆常。總之，生命無常。

正是由於重點不同，各種學說雖然都講變動，但在變動之後就分道揚鑣了：希臘哲學家引申出一套「為什麼變動」的自然哲學；中國哲學家引申出一套「有為或無為」的社會哲學；而佛陀，則引申出一套「無常、苦、無我」的生命哲學，起點就是「無常故苦」。

接下來，何謂「一切皆苦」？

如果繼續向前追溯苦的鏈條：在無常之前，什麼產生了無常？答案是因緣和合、因緣離散。佛陀說：了解因緣法，才能了解苦升起；不了解因緣法，就不能了解苦升起。[32] 顯然，更完整的鏈條是：**從因緣法到無常，從無常到變動，從變動到敗壞，從敗壞到痛苦**。既然一切皆因緣，必然「一切皆苦」。

我想要澄清的是：這兩個概念中的苦，指的是哪種苦呢？

僅限於變動之苦。

　　關於「無常故苦」，試問：我們能說「無常所以敗壞」嗎？不能，因為敗壞未必立即發生。我們能說「無常所以痛苦」嗎？更不能，因為痛苦根本就不必發生。我們只能說：無常所以變動。

　　關於「一切皆苦」，同樣的道理，「一切皆敗壞」不成立，「一切皆痛苦」更不成立，我們只能說：一切皆變動。

　　結論是：不要過度引申。尤其不要引申到「無常故痛苦」、「一切皆痛苦」的地步。那樣的話，就會讓人誤解佛教很極端。相反地，佛陀的苦非常理性，**理性到有三重涵義、有三重可能的程度。**

　　講完了什麼是苦，下面進入主題：人生苦不苦？

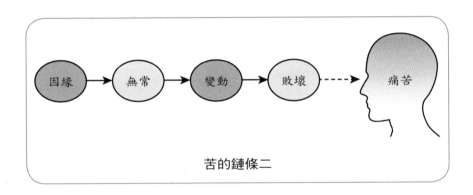

因緣 → 無常 → 變動 → 敗壞 ---→ 痛苦

苦的鏈條二

🌑 人生是苦

　　佛家常講「人生是苦」，甚至有時延伸為「苦即人生」。這難免引起爭議。

　　爭議在於：人生真的痛苦嗎？在大眾的眼中，好像人生既有痛苦，也有快樂，平靜何嘗不也是一種選擇。說人生有苦沒問題，但如果擴展到人生是苦，就好像把「有時陰天」擴展到「全是陰天」，有沒有邏輯上的問題呢？

這就是為什麼我們剛剛費力解釋「苦不只一種」的緣故。因為非如此，我們就不足以解釋「人生是苦」：

首先，人生有變動之苦。比如我們看一個小孩，多可愛啊，但小孩會長大；小孩長成了青年，多希望他或她留在身邊啊，但青年人會出走；青年人走向社會，多朝氣蓬勃啊，但他或她會老去。人生必然變動。

其次，人生有敗壞之苦。雖然生活中有美好，但美好總會褪去。在佛教看來，我們餓了吃飽是一種美好，睏了睡覺是另一種美好，享受親情是最難忘的美好，這些都不可能永遠持續。人生終將敗壞。

最後，人生有痛苦。雖然理論上面對成長、離家、變老，我們應該坦然面對，但十有八九做不到坦然，否則就不是凡人了。人生傾向痛苦。

加起來：

第一，人生必然變動。

第二，人生終將敗壞。

第三，人生傾向痛苦。

這才是「人生是苦」的完整涵義。

現在我們知道為什麼「人生是苦」容易引起爭議了：它強調一種客觀——人生在變動、人生有敗壞，但人們想到一種主觀——人生是痛苦。結果苦與痛苦被不必要地掛鉤，陷我們於兩難的境地：

——說人生全是痛苦吧，這等於誇大了痛苦的傾向，因此錯誤。

——說人生沒有痛苦吧，這等於忽略了痛苦的傾向，因此也錯誤。

怎麼辦呢？我們有兩種選擇：

——如果能讓「苦」與痛苦脫鉤，那我們可以按照第三重涵義，把「人生是苦」解釋為「人生傾向痛苦但未必痛苦」。

——如果非要把「苦」解釋為痛苦，那我們不如把「人生是苦」改為「人生有苦」更好。

不管上述哪種選擇都合於佛陀的理性，也都勝過籠統的長吁短歎。

為了進一步理解「人生苦不苦」，我們再澄清兩個相關的問題：快樂苦不苦？生老病死苦不苦？

● 快樂是苦？

首先要答疑的是：既然「人生是苦」，那快樂也是人生的一部分，難道快樂也是苦嗎？

一方面，佛學不否認快樂存在，包括物質的快樂、精神的快樂、生存的快樂。但另一方面，佛學又提醒我們快樂不實有。

如何不實有？

首先，快樂必然變動。物質也好，精神也好，生命也好，都不確定。《大智度論》中舉了個例子：同樣被打三十大板，如果先判死刑，後改判三十大板，人會覺得快樂；反之，如果憑空打三十大板，人會覺得苦。快樂就這麼莫測。

其次，快樂終將敗壞。花無百日紅，人無百日好，宴會終將散去，人生沒有永恆。《大智度論》中又舉了個例子：剛坐下時樂，坐久了則苦；剛躺下時樂，躺久了則苦。快樂就這麼短暫。

最後，快樂傾向於痛苦。我們吃慣了好的，會吃不下差的；我們習慣了擁有，會擔心失去；我們享受了人生，會害怕死亡。《大智度論》中還有個例子：先嘗一勺糖很甜，用河水沖淡後再嘗就苦，快樂就這麼引發不快。

所以聽著奇怪，但無法否認：快樂符合苦的三重定義。

聽著更奇怪的是，按照上面的邏輯，一切人類的情緒都符合苦的三重定義，只不過「快樂」算其中反差最大的一種。

的確，翻翻原始經典就會發現：佛陀很少提及快樂。佛陀雖然提到過「樂」，但並不指快樂，而指禪定中的平靜，甚至最終的解脫。

與快樂之少遙相呼應的是，佛陀提到了太多的苦——無常故苦、一切皆苦、人生是苦。各位不禁要問：如此少樂又如此多苦的學說，是不是有點悲觀呢？

要為佛教辯護，我本來可以指出：苦是變動、苦是敗壞、苦非痛苦，當作自然規律好了，有什麼好悲觀的呢？但我並不想如此辯護。

一種來自佛教界的辯護是：佛教既不是樂觀的，也不是悲觀的，而是現實的。[33]

但問題是，我們見到的世界上所有宗教，無論在外人眼中多麼不現實，都被其信徒認為現實。用現代的理性比較而言，我想告訴各位的是：**佛教本來就是一門「悲觀」的學說！**（但並非壞事）

起碼，佛教有悲觀的傾向。我之所以這麼說，不僅因為苦趨向於痛苦，更重要的是，請各位想想：佛陀講苦，目的何在？他從因緣法講到無常，從無常講到變動，從變動講到敗壞，最終是要剖析痛苦——痛苦才是他的目標！

深度上看如此，廣度上看亦然。回答「快樂苦不苦」，佛學認為：沒錯，**快樂也是苦**！於是在無常故苦、一切皆苦、人生是苦之後，我們還要加上「快樂是苦」。世界上還有比佛學更「苦」的學說嗎？它當然是一門「悲觀」的學說！

生老病死是苦？

接下來，要答疑的是：生、老、病、死苦不苦？

做為世界級「苦的專家」，佛陀曾經列出過各種形式的苦，常見的有二苦、三苦、七苦、八苦，最多達一百一十種苦之多！

所謂二苦，即身苦、心苦。

所謂三苦，即行苦、壞苦、苦苦。

所謂七苦，即生、老、病、死、求不得、愛別離、怨憎會。

所謂八苦，即在七苦後面加了個生命的統稱。

下面重點講「二苦」和「七苦」，因為生、苦、病、死苦都是這裡來的。[34]

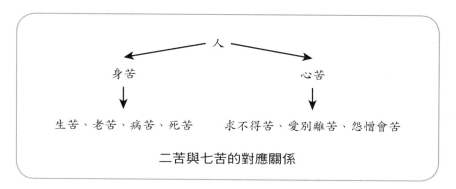

二苦與七苦的對應關係

如圖所示，二苦與七苦是對應的，後者是前者的細化：生、老、病、死對應「身苦」——生理上的苦；求不得、愛別離、怨憎會對應「心苦」——心理上的苦。

我們先看看「身苦」。

傳說中，悉達多就是看到分娩者、老人、病人、死人才出家的，顯然他很看重生、老、病、死苦。其中「老、病、死是苦」都好理解，唯有「生是苦」不好理解：君不見，小孩出生之後，家家戶戶都在慶祝嗎？

我們只能說：首先，沒有生，就不會有老、病、死；其次，不僅嬰兒開啟了苦的一生，而且母親們承受了分娩之苦；最後，「生」也符合苦的定義——它必然變動，它終將敗壞，它傾向痛苦。

因此我們可以確認：生、老、病、死是苦，沒錯。

雖說沒錯，但「身苦」難以改變，因此我們再看看「心苦」。

「求不得苦」即感到不滿足：在物質上渴望美食、美味、美色，在精神上渴望愛情、親情、友情，對生命渴望長生不老，都得不到徹

底而永恆的滿足。究其原因，「求不得苦」源於快樂，因為快樂才會有所求，有所求才會求不得。說白了，這是快樂帶來的痛苦。

「愛別離苦」即不希望分離：可能是配偶、父母、子女、友人、同學、一面之交卻相見恨晚的朋友，也可能是已經擁有的財富、地位、名聲。其實，「愛別離苦」是「求不得苦」的引申，因為有所求才會愛，愛才會有，有才會愛別離。說白了，這是愛所帶來的痛苦。

「怨憎會苦」即不希望遇到某人，卻偏偏遇到此人；或者不希望發生某事，卻偏偏發生此事，於是產生了「既生瑜何生亮」的感慨。其實，「怨憎會苦」也是「求不得苦」的引申，因為求不發生才會怨，怨才會恨，恨才會怨憎會。說白了，這是恨帶來的痛苦。

與生理之苦相比，心理之苦的意義在於可以改變——我們學習佛學與心理學正是為了「滅苦」，不是滅身苦，而是滅心苦！

回答「生、老、病、死苦不苦」，佛學認為：沒錯，**生、老、病、死也是苦**！我稍加補充：儘管沒錯，它們並非「苦」的重點。

至此，我為各種「苦」做了各種辯護。但辯護本身已經說明：這是一個多麼容易令現代人誤解的概念！因此我認為：一切都在與時俱進，「苦」也應該與時俱進。

苦即煩惱

看看時代發生了怎樣的巨變：

首先，人類的物質條件改善了。相比起古印度極端惡劣的自然環境，今天，食品的充足、醫療的進步、壽命的延長，都讓現代人不那麼擔心生、老、病、死，反而在討論減肥、剖腹產、安樂死這些古人聞所未聞的話題。即便我們說生、老、病、死不是「苦」的重點，但問題是：現代人認為它們根本不苦！

其次，在精神層面，人類的認知變得理性了。相較於古印度人們

把「人生是苦」、「輪迴是苦」視為神祕，今天，在科學普及的情況下，如果我們仍然勸人「跳出生、老、病、死的輪迴」，恐怕很難引起普遍的共鳴。

同樣在精神層面，更無法忽視的是動機上的改變：追求快樂成為現代人的共同目標。雖然不合佛法，卻無可厚非：人生需要目標——身、心、靈的快樂正是大多數現代人追尋的目標。如果哪位對此有所懷疑，我敢保證如下：即便本書解釋了「快樂是苦」，即使各位理解了「快樂是苦」，仍然無礙各位明天繼續快樂！這是難以否認的現實，也是難以改變的現實。

於是，我們就能理解現代人對「苦」的不解：

第一，今天人們需要快樂，但佛教否定快樂，這直接矛盾。

第二，今天人們不認為生、老、病、死是苦，但佛教太強調生、老、病、死是苦，又直接矛盾。

看一看今天的年輕人就知道，有多少人不希望享受人生呢？又有多少人希望停止生命循環呢？有肯定有，往往是有痛苦經歷的人。正因為如此，我們在佛教活動中，愈來愈多見到中老年人的身影。

或許保守人士不以為然：佛教是古老的、永恆的真理，何必要適應這個時代的理解力呢？必要就在於：佛陀之所以創立佛教，既不是為了孤芳自賞，也不是為了故弄玄虛，而是為了關懷世人的。如果佛教拒絕改變，當然最容易不過，但那樣一來，佛教如何幫助現代人的心靈呢？這將既是現代人的損失，也是現代佛教的損失，更是佛陀不希望看到的情況。

怎麼辦呢？

首先要解釋佛陀的理性——據前面的解釋，苦有三種涵義、矛盾可以化解。比起不願講、不許講、講不清的超然態度，我認為朝解釋問題的方向努力，本身就算與時俱進的第一步。

但光解釋就足以解決問題了嗎？對愛智慧的你也許，對更多人卻

未必。因為第一，並非人人有耐性聽；第二，就算耐心聽的朋友也可能說：佛教固然沒錯，但是否不合時宜呢？

出於這種考慮，我認為還有必要邁出與時俱進的第二步：重新定義「苦」。

各位已經知道新的定義：**苦即煩惱。**

在不違反教義的前提下，我們只是精簡了教義：精簡掉了難以改變的生苦、老苦、病苦、死苦，留下可以改變的求不得苦、愛別離苦、怨憎會苦——即煩惱。

估計各位還不知道的是，新的定義意味著什麼：

這樣一來，「苦」就好理解了。

很多人不理解人生是苦，但誰不理解人生煩惱呢？誰的人生沒煩惱呢？口說無憑，我對此進行了實證。

需要承認，本次「佛學心理學實驗」受華生實驗（第5章）的啟發——我問自己的兩個小孩（一個上小學，一個上中學）：「你們苦不苦？」結果他與她，茫然地看著提問者，經再次解釋後勉強回答：「好像不苦。」做為對比實驗，我接著問：「你們煩惱不煩惱？」這次他與她立即回答：「功課很煩啊！」各位看看，換種說法簡單多少！

這樣一來，「不合時宜」的問題也解決了。

重新審視「快樂苦不苦」，不妨如此理解：現代人要快樂很好，前提是不要煩惱，而佛學，至少有助於實現前提。

重新審視「生、老、病、死苦不苦」，不妨如此理解：現代人身體的痛苦在減輕，心中的煩惱卻在加重，後者甚至可能逆轉前者，而佛學，正是消滅煩惱的學說。

於是我們理直氣壯地回答：佛學不是不合時宜，相反正合時宜！

這樣一來，佛學的學術定位也清楚了。

我們講了佛學是一門「最苦」的學說，它描述苦、分析苦、理解苦、體驗苦、最終消滅苦。如果把苦換作煩惱，佛學也是一門「最煩

惱」的學說：對一門描述煩惱、分析煩惱、理解煩惱、體驗煩惱、最終消滅煩惱的學說，我們該如何稱呼呢？

最貼切的名稱，莫過於心理學吧。

經過層層剝繭，我們可以回答這一部分開頭的問題了：佛學是不是心理學？

結論是：佛學大於心理學，但核心就是心理學！

至於為什麼大學不把佛學設置在心理學系，我只能說：或許教授們還沒讀到這本書吧。可以理解的是，本書也還沒寫完：佛學究竟是怎樣的心理學？

14. 佛說治療：滅苦為終
——悉達多的心理學提綱

　　我們講佛陀的學說不是科學，但我們又講佛陀的學說是心理學，是不是矛盾呢？很難講。

　　按照我對心理學的定義並不矛盾，因為我認為心理學 ＝ 科學＋非科學，那佛陀的學說不是科學，正好完全符合這個新定義。

　　但有人會說：你的定義不算，起碼還未生效，就在現代心理學一切不變的情況下，矛盾不矛盾呢？

　　我說仍不矛盾，因為只要把佛陀學說與佛洛伊德學說「掛鉤」即可。

　　如何掛鉤？

　　關於證實：儘管一般人認為佛洛伊德學說難以準確、客觀、普遍地觀察，但佛洛伊德堅持說精神分析就是實證。我估計佛陀的學說會遇到類似指責，但要爭辯說：佛學的覺知與精神分析類似，如果佛洛伊德的方法算實證，那麼佛陀的方法也算實證。

　　關於證偽：儘管波普爾指責佛洛伊德的學說「可以解釋一切、永遠不會出錯」，但現代心理學界並未因此開除佛洛伊德。我估計佛陀的學說會遇到類似指責，但要爭辯說：如果佛洛伊德的無法證偽可以被忽視，那麼佛陀的無法證偽同樣應該被忽視！

　　這就是掛鉤的好處：現代心理學承認一個，就必須承認另一個！

　　於是各位接受了：佛學不僅是心理學，甚至是現代心理學。哪裡「難講」呢？

　　難就難在：第一，佛學不是科學；第二，佛學是現代心理學；第三，現代心理學又被定義為科學。單獨看每項都不矛盾，加起來沒有比這更矛盾！

　　如果排查問題出在哪裡，第一項依據科學的定義、第二項依據上面的「掛鉤」，都不會有問題。唯一的可能在第三項：現代心理學的定義有問題！這是本書第一部分要解決的問題，解決了才不矛盾。

　　言歸正傳，關於悉達多的心理學，我們可以講得很簡單，也可以講得很複雜。我準備先簡述一遍，再詳解一遍。至於為何如此，各位很快會知道。

⬤ 佛陀的提綱

　　如果求簡，**悉達多的心理學可以簡單到四個字：苦、集、滅、道。**

　　這四個字被稱為佛學的「四聖諦」。其中「諦」是真理的意思，因此「四聖諦」就是四項真理的意思。具體來說：

　　苦——苦的現象；

　　集——苦的升起；

　　滅——苦的消滅；

　　道——滅苦之道。

　　前兩項「苦和集」應該沒問題，但後兩項「滅和道」就要說明了。

　　第一種誤解來自翻譯。

　　我們不能把「滅」當作動詞，翻譯為滅苦的方法，那樣一來，接下來「道」是什麼呢？也是滅苦的方法。不就重複了嗎？

　　相反地，我們只能把「滅」當作名詞，翻譯為「苦的消滅」，這樣一來，「滅」是目標，「道」是方法，才不會重複。

　　第二種誤解來自邏輯。

　　我們不能把「苦、集、滅、道」理解為常規邏輯：因為有苦的現

象，所以有苦的升起；因為有苦的消滅，所以有滅苦之道。那樣一來，好像次序顛倒了：已經實現苦的消滅了，何必再談滅苦之道呢？

究其原因，我們往往按照因果思維——先說因，後說果，比如說：太陽出來了，所以溫度升高了。而另一種邏輯按照「果因思維」——先說果，後說因，同樣的例子會說：溫度升高了，因為太陽出來了。[35]這樣就好理解了，「苦、集、滅、道」包含著兩層「果因思維」：

第一層：苦，因為集；

第二層：滅，因為道。

加起來：苦的現象，因為苦的升起；苦的消滅，因為滅苦之道。

看來，「四項真理」不是不合邏輯，而是不能更合邏輯！

這「四項真理」意義何在呢？

說實話，從最早到現在，我也沒看出這四個字本身有何真理，倒以為每個字引申出的內容，才是佛陀所指的真理。「諦」字的翻譯沒錯，[36]但對我等俗輩來說，或許「綱領」更好理解吧。

四項綱領加起來，就是悉達多心理學的提綱。

這才是「四聖諦」的意義所在。前面我們不是一直講抓住主線嗎？提綱正是主線中的主線！要想進一步轉換成與心理學更相通的表述，我們可以把前面翻譯中的「苦」改為煩惱，把「滅苦」改為治療，這樣提綱就更好理解了：

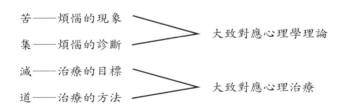

提綱中的「苦」前一章已經講過，接下來講提綱中的「集」。

🌑 煩惱的診斷

「集」是集成的意思，在「苦、集、滅、道」中意思是什麼集成了煩惱。

請注意，前面我們講的苦從何來，不等於煩惱何來，因為「無常故苦」只解釋了客觀之苦，尚未解釋主觀煩惱。前者要轉化為後者，除了客觀因素外，一定還有主觀因素。哪些主觀因素呢？

佛陀曾給出過不同的答案，都出自不同的佛教經典。我們只有把答案集中在一起，才能找到其中的關聯。

I. 煩惱來自認知與行為

第一種說法，按照煩惱的過程解釋：煩惱來自認知與行為。

佛教中常說「惑業苦」[37]。其中「惑」即錯誤的認知，「業」即行為，「苦」即煩惱。加起來是一種因果關係：錯誤的認知產生了錯誤的行為，相互作用產生了煩惱。

煩惱來自認知，這沒問題，但你會問：煩惱真需要行為嗎？比如說我什麼都沒做，不也會胡思亂想嗎？確實，佛學中的行為與現代心理學中的行為不同，它包括身體、語言、意志三部分。因此一是不限於身體，二是從意志開始。佛陀說：心之意欲，即我所說的業。就是說只要有意志，行為就當發生了，善意不論有無成就都算善業；壞意不論有無損失都算惡業。

舉個例子吧，你見到一朵很美的花，並未採摘、靠近、凝視、聞香，那已經符合老子的「無為」了。但同樣的場景、同樣你無任何舉動，僅僅心裡閃過「好美」的想法，佛教認為你已經起心動念，等於有行為了！

看看佛陀的要求有多高：**老子僅要求行為無為，佛陀則要求心理無為！**正因為如此，筆者沒寫《老子的心理學》，只寫了《悉達多的

心理學》——後者才算真正從「心」出發！

回到煩惱的來源，佛學與心理學的理解大體一致：內容上都講認知、講行為，次序上都先認知、後行為。不過在下面說法中，認知與行為就分開了。

II. 煩惱來自貪、瞋、痴

第二種說法，按照認知的種類解釋：煩惱來自貪、瞋、痴。[38]

上一章講的三種苦——「求不得苦、怨憎會苦、愛別離苦」，根源就在三種認知——貪、瞋、痴。

貪，即貪求，就是過度想要，或過度不想要。對象包括物質、精神、生命，結果產生「求不得苦」。

瞋，即瞋恨，就是恨。做為貪的一種延伸，「過度不想要」發展為恨，結果產生「怨憎會苦」。

痴，即痴迷，就是愛。做為貪的另一種延伸，「過度想要」發展為愛，結果產生「愛別離苦」。

當然也有人把貪、瞋、痴歸納為欲望，上面的說法就變成煩惱來自欲望。如此簡潔的說法，本書為什麼不用呢？

原因在於，佛教中的欲望卻並不明確——**佛教支持一些欲望、反對另一些欲望，全看我們如何定義欲望。**

如果定義為滿足需求，佛教並不反對欲望。對應馬斯洛的需求理論，佛教不僅允許人們滿足基本需求，甚至鼓勵超越自我的精神需求。怎麼能說佛教沒有欲望呢？

但如果定義為過度需求，佛教又很反對欲望。還是對比馬斯洛的理論，過度需求既不屬於基本需求，也不屬於高層需求。比方說我們餓了，吃一支冰淇淋算滿足需求，吃兩支冰淇淋估計就算過度了，因為它不僅不再滿足物質需求，反而干擾我們的精神追求。看來同樣是欲望，如果過度，就不再是加分，而變成減分了。

　　問題是：如何界定正常與過度呢？只要是人，就有欲望，而只要有欲望，就難免過度，誰能掌握半支冰淇淋不夠、一支半冰淇淋過度的分寸呢？無法掌握！

　　這就是本書以貪、瞋、痴替代欲望的緣由。

　　順帶講下，在認知上最下工夫的，當屬佛教中的唯識宗。唯識宗從智慧入手破煩惱：細分認知五十一種、煩惱二十六種，包括貪、瞋、痴在內，可謂古代最完整的認知心理學。

III. 煩惱來自執著

　　第三種說法，按照行為的種類解釋：煩惱來自執著。[39]

　　佛教的行為包括意、口、身三種，因此執著也包括三種：意志的執著、語言的執著、行動的執著。

　　執著從意志開始，表現為非要不可。前面講到正常欲望和過度欲望，雖說沒絕對界限，但可以相對劃分：「想要」是正常的，而「必須要」是過度的。

　　意志反映到語言，表現為非說不可。別小看一句話，多少兄弟成仇、夫妻分離，都因「一言不合」。家長裡短，不說也罷。

　　意志反映到行動，表現為非做不可。打個比方吧，我想吃牛排，這只是閃過腦海的一個想法而已。接下來的一種表現是，附近找不到餐廳就算了──事情到此為止；另一種表現是，即使附近找不到，我也去遠處找餐廳，即使遠處找不到，我也回家自己做──事情不會結束。

　　對事業來講，執著能帶來成功，或許是好事；但對心理學來講，執著能帶來失望，一定是壞事。要知道我們喜歡一個人很好，但如果喜歡過度，就會讓自己依賴；我們討厭一個人也沒問題，但如果討厭過度，就會讓自己憤怒。煩惱由此而生。

　　順帶講下，把「不執著」發揮到極致的，當屬佛教流派中的禪宗。

禪宗從修行入手破煩惱：先不執著於欲望，再不執著於儀式、打坐，最後不執著於佛經、佛祖，一路下來演變為啞謎、棒喝的行為藝術。

IV. 根源在於不明白

上述三種解釋，哪個對呢？都對，因為它們都是佛陀的說法。但正因為它們都對、都是佛陀的說法，反而讓我等學生不知道以哪個為準。事實上，佛陀還有第四種說法：**煩惱來自無明**。[40]

是不是聽著更混淆呢？好在**最後這種說法是對所有說法的根本解釋**！

所謂無明，顧名思義，就是不明白。對佛教來說，最根本的不明白莫過於不明白因緣法。這麼說當然是有根據的。

看看第一種解釋「煩惱來源於認知與行為」：如果深究認知與行為何來，首先不明白因緣法就是錯誤的認知——「惑」；接著錯誤的認知導致錯誤的行為——「業」；最後「惑業苦」——產生了煩惱。顯然，源頭在於無明。

看看第二種解釋「煩惱來自貪、瞋、痴」：如果深究貪、瞋、痴何來，因為我們不明白因緣法的道理。我們貪圖的，最終會失去；我們瞋恨的，原本有因緣；我們痴迷的，終歸不長久。顯然，源頭也在於不明白。

看看第三種解釋「煩惱來自執著」：如果深究執著何來，照理說一切因緣和合、因緣離散，不值得執著，但我們仍然執著，原因何在？生來無明，死亦無明。

看看佛陀所講的「集」引申出了多少涵義，好在我們找到了「集」的根源！

如果各位進一步深究：無明是哪裡來的呢？在心理學上講，是先天的，還是後天的？

佛陀會告訴你，它是先天的，甚至遠早於心理學意義上的先天。

因為不明白來自上輩子，而上輩子的不明白又來自上上輩子，在輪迴中無始無終。生命開始於一股混沌，小孩從出生開始就混混沌沌，直到這一輩子結束時，再把混沌帶去下一輩子，除非……（馬上講到）

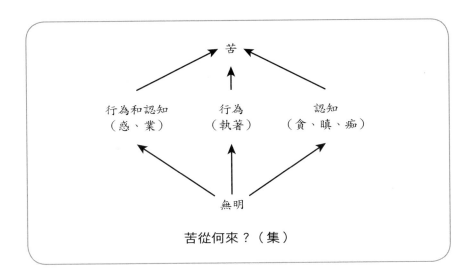

苦從何來？（集）

● 目標與方法

講完了「苦與集」，我們簡單講下「滅與道」。

所謂「滅」，既是煩惱的消滅，也是治療的目標。其實都是一回事：先回顧佛陀的心理學提綱，在醫師診斷了煩惱的症狀、找到了煩惱的病因後，下一步就該治療了──目標當然是煩惱的消滅。從語義上講，「煩惱的消滅」屬於否定之否定，如果換成肯定語，**目標就是平靜**。

且慢，有的朋友質疑：上述推論嚴謹嗎？畢竟，在文字上「滅苦」與「平靜」毫無相似之處。考慮到佛教的目標茲事體大，我們最好論證一下。

首先，對照苦的三重定義：

——平靜是變動嗎？不。一切必然變動，唯有平靜不再變動。

——平靜是敗壞嗎？不。一切終將敗壞，唯有平靜無法敗壞。

——平靜是痛苦嗎？不。一切趨向痛苦，唯有平靜止息痛苦。

消滅了苦的三重涵義，平靜可謂真正的滅苦。所以，別把平靜當普通的情緒：人類的一切情緒都符合苦的定義，唯有平靜例外。

接著，對照佛教經典：

——平靜是身心的目標。所謂幸福，《法句經》說：健康為勝出，知足為財富，信賴為親情，平靜為至福。[41]

——平靜是認識的目標。所謂「諸法實相」，一位佛學人士如此闡述：「只有在平靜的水面，事物才能顯示本來面目；只有在平靜的心中，世界才能被充分認知。」

——平靜是靈魂的目標。在蒙上了神祕面紗之後，這個目標被稱為涅槃。所謂涅槃，在巴利語中是「心的寂靜」，即精神上的寂靜。如果我們把涅槃世俗化，它就是心理上的平靜。

所以，也別把平靜當成普通的目標：西方哲學、西方宗教以及中國的儒家、墨家、法家都是奮進的，以自己的快樂或社會的幸福為目標。相對而言，唯有道家與佛家不夠奮進，如前所述，前者僅僅追求行為上的平靜，後者才追求心理上的平靜。可以說，**佛教是世上少見的以平靜心靈為目標的學說**。

既符合定義，又符合經典，平靜是佛教真正的目標。

如何實現目標呢？「滅」後面是「道」，即治療的方法。理論上講方法很簡單——把前面列出的煩惱來源一一去除即可：

——從認知入手，去掉貪、瞋、痴，如佛陀所說：貪求永盡，瞋恨永盡，愚痴永盡，一切諸煩惱永盡，這就是平靜。[42]

——從行為入手，去掉執著。如《金剛經》有言：「應無所住而生其心。」這裡的「無所住」就是不執著。

——從根本入手，破除無明。如佛家常講「開智慧，斷煩惱」，

就是明白了因緣法，自然沒必要再貪、再瞋、再痴、再執著。後面我們還會講八種方法，目的都在於明白因緣法。

讓我們把苦、集、滅、道的邏輯串聯起來：

苦從何來？不了解因緣法，就會貪、瞋、痴、執著，所以煩惱。

如何滅苦？了解因緣法，就不會貪、瞋、痴、執著，所以平靜。

看來，悉達多心理學的綱領很簡單。

真的這麼簡單嗎？理論上如此，因為這就是佛陀的教法。他宣稱：如同大海只有一種味道，鹹的味道，佛陀只有一種教法，就是解脫。[43]

但現實中解脫很不容易。比如，各位現在都理解了因緣和合、因緣離散的道理，就不再煩惱了嗎？我們離解脫不知道還差多遠！

顯然，苦、集、滅、道僅僅是一個提綱。顯然，佛陀的「滅苦之道」並不這樣簡單。顯然，我們光簡述不夠，還得詳解才行。

尤其心理學愛好者會想知道：「悉達多的心理學」有何獨特之處？

照理說此問題不難回答。但為最大限度節省各位的時間，我們設置了極高的標準：在佛教眾多的獨特之處中，先排除無關的、無效的、神祕的，剩下相關的、有效的、理性的，再選出「缺了它不行的、與現代心理學相通的、任何學說都沒有的」——非獨門絕技不算！

以如此高的標準，世界上很多學說恐怕一項也找不出來。但在佛學中，我卻能找出三項，難以置信吧？我權當各位不信！

15. 一種想，思維不是「我」
——先拔掉第二支箭

我把「悉達多心理學」的獨特之處總結為：**一種想，一種「我」，一種覺。**

它們都與佛教中的一個重要概念「無我」有關。想、「我」、覺之所以獨特，根本原因在於，「無我」本來就獨特！

今天我們看到佛陀的很多說法——如因緣、無常、輪迴、苦，以及很多方法——如修行解脫、托缽乞討、出家戒律，都覺得很新穎；其實它們大多來自其他印度宗教，後來被佛陀融入了佛教。這不奇怪，印度民族有長期的宗教傳統，在佛陀之前，婆羅門教做為主流宗教已經存在了千年之久。後期佛教常常指責「外道」吸收了佛教的精華，這沒錯；但公平地講，最早佛教從「外道」中吸收的精華更多。

光吸收也不行，還要創造才行，佛陀的創造就是「無我」。佛陀之前宗教都屬於「有我說」，佛陀以「無我說」出世獨樹一幟，以至於佛教常常被人稱為「無我教」。各位就奇怪了：為什麼我們講悉達多心理學，不直接講「無我」呢？

因為那個「教」字反而提醒了我：最好不要把「無我」當教義來講。教義沒錯，但某些問題值得思考。

比如把「無我」理解為「沒有我」，簡單倒簡單，但佛陀在經典中提到過太多次「自我」，該如何解釋呢？

再如把「無我」理解為「小我融入大我」，崇高倒崇高，但佛陀連「小我」都不承認，怎麼會承認「大我」呢？

　　我知道這些問題不易回答，甚至未必屬於教義範疇，因此**我不準備講「無我」的宗教學，而準備講「無我」的心理學**。首先從「一種想」開始：思維不是「我」。

🔘 沒人這麼「想」

　　思維不是「我」，聽起來是不是很奇怪？

　　沒錯。一個原因是這句話有違常識。我們對思維有怎樣的常識？思維是「我」的，思維是實有的。

　　這裡的思維俗稱「我在想」。每天我們腦海中飄過無數的想法，大致可以分為三類：情緒、判斷、意志。是不是這樣：不管在興奮還是痛苦的情緒中，我們都在想；不管在做功課還是做工作的判斷中，我們都在想；不管在要行動還是不要行動的意志中，我們都在想。現在說「思維不是我」，等於說「情緒、判斷、意志都不是我」。若非荒誕不經，必定大智若愚。

　　更重要的原因是：也沒有哪一位思想家這麼「想」。

　　環視一下哲學，在西方哲學中，從古代柏拉圖的理念論、亞斯多德的感覺論，到近代理性主義、經驗主義、意志主義、存在主義、後現代主義，雖說眾說紛紜，但所有學派一致假設：你的情緒、判斷、意志就是你。在中國哲學中，儒家講良知，良知是你的良知；老莊講天性，天性也是你的天性；諸子百家也都無一例外假設──思維就是你。

　　哲學界如此，宗教界呢？環視一下基督教、伊斯蘭教、猶太教、印度教，它們都強調至高無上的神，但也都強調人要對自己的思維負責。不這樣做，神與人怎麼溝通呢？

　　哲學界、宗教界如此，代表現代科學的心理學呢？也不例外。縱觀心理學的各個流派──馮特的心理元素、格式塔的整體、佛洛伊德

的潛意識、馬斯洛的動機——都假設心理的主體是自己。就連不願意討論意識的行為主義，也假設行為背後的機制是主體的，不是協力廠商的。

可見在這個問題上，古今中外的所有思想家在一邊，佛陀自己在另一邊。

奇怪吧？正因為它奇怪，所以我們才要先講。

🌑 思維不是我

「思維不是『我』」有兩層意思：第一，思維非主體，所以不是「我」；第二，思維無自我，所以不是「我」。

我們先看看第一層意思：思維是不是主體？

要回答這個問題，我們分三步走：一、自我由什麼組成？二、這些組成中有沒有主體？三、如果沒主體，問題就解決了，但如果有主體，思維與主體是怎樣的關係？

第一步，分解自我。

關於什麼是生命，其實眾說紛紜，現代科學界如此，古代印度社會更如此。佛陀提出了自己的看法：**生命不外乎五種組成**（當然每種組成又不外乎其他組成），**分別為物質、情緒、判斷、意志、意識**，即色、受、想、行、識，簡稱「五蘊」。

前面講了這是佛學的世界觀，現在補充一下這也是佛學的心理觀。憑什麼這麼說呢？因為在佛教看來，世界不過是我們心中的影像：「蘊」是匯聚的意思，世界匯聚到哪裡了？可能首先匯聚於外界，但最終一定匯聚到內心——形成我們的心理結構如下：

一、「色蘊」來自物質，是一切認識的開始。身體與環境接觸產生了感覺，對應心理學和西方哲學中的感覺經驗。

二、「受蘊」即感受，由感受引發。請注意兩者的區別，感覺是

中性的，感受不再中性，它包括苦、樂、不苦不樂三種，對應心理學中的情緒。心理學家保羅・艾克曼（Paul Ekman）有句名言：情緒在我們知覺它之前就已經出現。從「五蘊」的次序來看，此言不假，不過比佛陀晚兩千多年罷了。

三、「想蘊」即判斷，由感覺引發。它是對感覺與情緒的進一步加工，包括識別、聯想，對應心理學中的知覺。

四、「行蘊」即意志，由判斷引發。它是推進行動的精神之力，如果我們清楚自己在做什麼，對應心理學中的動機；反之，如果我們不清楚自己在做什麼的話，則對應心理學中的本能。

五、「識蘊」即整體意識，是前面四種意識的統稱。它既包含心理學上的意識，也包含心理學上的潛意識；既包括過去的記憶，也包括當下的覺知。

第二步，檢查這些組成中有沒有主體。

首先，人會不會自為主體？

佛陀把人分為五種組成，意味著人是分散的。《那先比丘經》中有一個車的比喻，如果問車轅、車軸、車輪、車身、旗杆、車軛、韁繩是不是車，答案是否定的。再追問這些零件之外有沒有車，答案也是否定的。由此得出結論：零件配合在一起暫名為車。同理，生命的五種組成聚集在一起暫名為人。[44]

不是整體，就無法自為主體。

接下來，人的某種組成會不會是主體？

比如在身體中，大腦能不能代表我？心臟能不能代表我？以此類推，情緒、判斷、意志、意識能不能代表我？佛陀的回答是：五蘊非我，[2] 意思是身體、情緒、判斷、意志、意識都不能代表我。道理很簡單：五種組成還可以細分為更小的單位。身體可以細分為眼、耳、鼻、舌、身，意識可以細分為視覺、聽覺、嗅覺、味覺、觸覺，以此類推，**人可以被無窮無盡地拆分，再小的元素都無法自為主體。**

第三步，現實情況下，我們的身體和精神，總該有個統一協調者吧？如果有，唯一可能是五種組成的最後一項「整體意識」。它是不是主體？

有兩種常見的說法：

一、意識不是主體，理由是佛經中有「五蘊非我」。[45]

二、意識假為主體。理由是佛經中有「假說有我」，即意識不是「真我」，權當「假我」吧。[46]

其實不管採用哪種說法，都不影響我們的結論。因為在前一種說法中，沒有主體。而在後一種說法中，思維與主體不重合：五種組成中情緒、判斷、意志與整體意識分離。對此各位其實很容易實證：冥想就是一種整體意識存在，但情緒、判斷、意志不存在的狀態。

兩種說法都印證了第一層涵義：思維不是主體。

「思維不是我」還有第二層意思：思維無自我。

我們要先定義什麼是自我。在佛學上，任何事物要能稱得上「自我」或「自性」，必須滿足三個條件：

第一，單一。在空間上，它應該是獨立的。

第二，不變。在時間上，它應該是永恆的。

第三，主宰。它應該自生自滅，主宰自己的命運。[47]

按照這個定義，我們能找出世界上哪種事物滿足條件嗎？恐怕小到原子、分子、質子、電子，大到高山、海洋、星河、宇宙，一件也找不出來！

這當然是因緣法所決定的：

第一，**既然因緣聚合，誰能在空間上單一呢？**

第二，**既然因緣離散，誰能在時間上不變呢？**

第三，**既然互為因果，誰能主宰自己的命運呢？**

所以佛陀說：一切法無我。[48] 一切自然包括思維。

這就印證了第二層涵義：思維無自我。

思維非主體、思維無自我，加起來就是：思維不是「我」。

身體不是「我」

既然思維不是「我」，那麼同屬「五蘊」的身體是不是「我」？

套用前面的邏輯，我們很容易推論「身體不是『我』」。因為：

第一，身體非主體，因為它可以無限細分。

第二，身體無自我，因為它變動、關聯、無主宰。

加起來，身體不是「我」。

世界不是「我」

既然身體不是「我」，那麼同屬物質的大千世界是不是「我」？

這原本不應該被當作問題討論，今天的人們如此理性、如此現實，估計不會把日月星空、山河大地、空氣塵埃當成自己，因此沒人反對「世界不是『我』」。但我們繼續套用前面的邏輯：

第一，世界非主體，所以不是「我」。

第二，世界無自我，所以不是「我」。

加起來，世界不是「我」。

存在不實有

思維不是「我」、身體不是「我」、世界不是「我」，但「不是我」對悉達多的心理學來說，似乎不夠嚴謹。有沒有更好的選擇？

有——「不實有」。

想一想，既然「不是我」包含「非主體」和「無自我」兩層意思，那麼「某某非主體」屬主觀判斷，即主觀不實有，而「某某無自我」屬客觀現實，即客觀不實有。兩層意思合併，**「不是我」等於「不實有」**。

於是：

思維不是「我」，即思維不實有；

身體不是「我」，即身體不實有；

世界不是「我」，即世界不實有。

前面我們提到「佛教承認客觀世界的存在」，現在又講「佛教認為世界不實有」，是否矛盾呢？

看似矛盾，卻不矛盾，這恰恰暗示著佛陀學說的精彩之處！

我們知道，一般人、一般學說對世界的看法不外乎兩類：實有或虛無。前者認為世界是真實的，要認真對待；後者認為世界是虛幻的，好像一場夢。而佛陀的學說，既非實有，亦非虛幻──恰在虛實之間。

說它「實」，因為佛陀承認世界的存在；說它「虛」，因為佛陀否定世界的實有。看來光用「不實有」表述還不夠，最好加上「存在」兩字才清楚：

「不是我」等於「存在不實有」。

精彩歸精彩，卻並不神祕，「存在不實有」不過描述了因緣法的狀態──因緣和合、因緣離散的狀態，不就是既存在、又不實有嗎？**只要佛教以因緣法為萬事萬物的基本法，就必然得出這種結論：萬事萬物「存在不實有」。**

世界實有 ──────── 存在不實有 ──────── 世界虛無

佛學的世界觀

順帶澄清一個哲學上的爭論：有人說佛學像唯物主義，有人說佛學像唯心主義，哪種對呢？

我認為都不對，理由很簡單：不合定義。

何為唯心主義？就是立足於精神，認為精神決定物質、精神可以脫離物質存在。何為唯物主義？就是立足於物質，認為物質決定精神、

精神不可能脫離物質存在。但在佛陀看來，精神與物質沒有本質區別：它們都無法自主、都無法永恆、無法立足。顯然，佛教否定了兩種主義的定義。

也澄清我之前的說法：在其他地方本人曾提到「佛教是唯心主義中的唯心主義」，當時指的是後期佛教，後期佛教確有這種傾向。而現在限定佛教為「悉達多的學說」，那它就既不是唯物主義，也不是唯心主義。

或許有人追問：能不能說「佛學處於唯物主義與唯心主義之間」呢？

不僅不能，甚至可以稱之為偽命題，因為把這三種學說放在一起，完全是不對稱的比較：

第一，唯物主義是實有論──物質實有。

第二，唯心主義也是實有論──精神實有。

第三，佛學是存在不實有論──物質、精神都不實有。

實有、實有、不實有，三點不在一條直線上，如何「之間」呢？

更對稱的比較是：以實有與虛無為天秤的兩端。在天秤的一端，是唯心主義和唯物主義等實有學說；在天秤的另一端，是徹底懷疑論和虛無主義等虛無學說；恰好在這座天秤中央的，是佛學的「存在而不實有」！

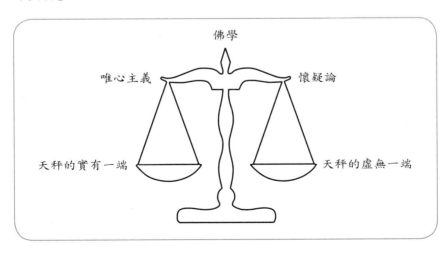

我思我不在

　　至此為止，我們講述的次序似乎是顛倒的。按照由遠及近的次序，我們應該先講「世界不是『我』」，再講「身體不是『我』」，最後講「思維不是『我』」才對。但相反地，我們先講並強調了「思維不是『我』」，後講並簡述了「身體不是『我』」、「世界不是『我』」。為什麼呢？不僅因為在三種說法中，只有「思維不是『我』」才最特殊，而且因為在三種說法中，只有「思維不是『我』」才最有意義。

　　意義在於：

　　首先，它讓我們重新審視思維。這是對現代心理學的幫助。

　　心理學中曾經有過「思維一我說」。近代心理學的開創者笛卡爾說：我思故我在。這無形中把「我」與「思」捆綁在一起，影響了近代哲學和近代心理學幾百年。現代心理學的開創者之一威廉・詹姆斯則更明確地說：思想自身就是思想者，心理學無須再外求。[49] 佛陀的結論正好相反：我思我不在！

　　心理學中也曾有過「思維多我說」。比如佛洛伊德提出過多重人格，一位信奉佛洛伊德的精神分析師會告訴你：這種想法來自你的本我，那個想法來自你的超我，其實這些彼此衝突的人格，都是自我！法國的精神分析學家拉康（Jacques Lacan）提出過多重意識，他的名言「語言是他者在說話」，聽起來好像說話的人不是自我，其實不然；拉康的「他者」是無意識的「自在之我」，仍然是自我！

　　繼「一我說」和「多我說」，心理學又多了「思維無我說」。

　　其次，它也讓我們重新審視煩惱。這是對現代人的幫助。

　　想想看，既然思維不是「我」，那我們煩惱中的情緒、判斷、意志，不都不是「我」嗎？沒錯，煩惱不是「我」，或者說煩惱「存在不實有」。

　　至於如何消除煩惱，我們先就這個複雜的話題開個頭：世界上的偉大的思想很多，為什麼消除煩惱那麼難？不信的話，環視一遍基督

教、伊斯蘭教、印度教、西方哲學、儒家、道家、現代心理學——無不正確、無不智慧、無不有效，為什麼現實中的錯誤認知仍然普遍存在？既然「扭轉我思維」很難，那麼「思維不是『我』」，或許能另闢蹊徑吧。

心理學家不由得眼睛一亮：**請問蹊徑何在？**

🔵 第二支箭

讓我們看看第二支箭的故事。

有一次佛陀問弟子：沒有經過佛學培訓的人會感受快樂、痛苦、不苦不樂，經過佛學訓練的人也感受相同。那兩人有何不同？

佛陀接著打了一個比喻：有人中了一支箭後，又被第二支箭射中。沒有受過佛學訓練的人遇到這種情況，先有生理的感受，再有心理上的情緒，無論情緒是苦、樂、不苦不樂，他們都會被束縛，於是愈來愈憂慮、愈來愈悲痛、愈來愈迷惑。但是受過佛學訓練的人不同，他們也有生理的感受，卻不會轉化為心理的情緒，於是不會為情緒束縛，不會繼續憂慮、悲痛、迷惑。所以弟子們，不要受第二支箭的傷害。[50]

佛陀的話很值得品味。我們先弄清楚何為第一支箭？何為第二支箭？

用現代的語言講：第一支箭是初級認知——感覺，第二支箭是高級認知——判斷及其引起的思緒、情緒、意志。（儘管現代心理學中有更詳細的分類，下面還是統稱為高級認知，類似洛克〔John Locke〕哲學中的複雜觀念。）

舉個例子吧，不知道誰把凳子放在路中間，把你狠狠絆了一跤。什麼是初級認知？你感到腿痛，就像佛陀說的那樣，「痛苦的感受」是第一支箭。抱歉，你被射中了！

那什麼是高級認知？你在腿痛後開始胡思亂想——「誰把凳子放在這裡？」「誰這樣沒有公德？」「我的腿會不會留下傷疤？」「我

明天應不應該請假？」就像佛陀說的那樣，「愈來愈憂慮、愈來愈悲痛、愈來愈迷茫」，這些判斷、思緒、情緒、意志是第二支箭。抱歉，你又被射中了！

為什麼佛陀特意講「第二支箭」？

首先，它是額外的。如果第一支箭是苦，那麼第二支箭就是苦上加苦。就像在「惑、業、苦」的循環中：第一次循環固然苦，但更糟糕的是苦繼續循環，衍生出新惑、新業、新苦。想一想，每次帶給我們心靈更大傷害的，往往不是第一支箭，而是胡思亂想出來的第二支箭！

其次，它相對容易解決。佛陀希望我們的態度是「到此為止」：不是迴避問題，而是能解決的解決、不能解決的放下。放下什麼呢？放下胡思亂想。**佛陀說「不要受第二支箭的傷害」，就是讓我們先拔掉胡思亂想！**

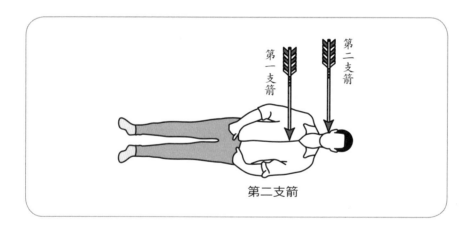

第二支箭

或許有些朋友還沒弄清楚「思維不是『我』」與此有何關聯。很簡單：如果以為「毒箭就是『我』」，還能輕易拔掉自己嗎？相反，**只有意識到「思維不是『我』」，自己才能拔出毒箭！**

我希望這條蹊徑對你足夠獨特，並預祝你拔掉第二支箭！

16. 一種「我」，「我」也不是「我」
——有爭議的靈魂

　　講完佛學中的「一種想」——思維不是「我」，接著講佛學中的「一種我」——「我」也不是「我」。

　　這當然是順著「無我」的邏輯而來，以至於你會懷疑是否重複：思維不是「我」、身體不是「我」、世界不是「我」，還不是「我不是我」嗎？沒錯，起碼還沒涉及到問題的核心：靈魂上的「無我」。

　　要知道，佛陀之所以在兩千多年之前提出「無我說」，針對的是當時的「有我說」。前者是靈魂上的「無我」，後者是靈魂上的「有我」。因此不是別的，而是靈魂，才稱得上「我」的核心。

靈魂有我說

　　看來，要了解「無我說」，就要先了解「有我說」。而要了解「有我說」，就要先了解婆羅門教。我知道「婆羅門」這個詞聽起來生僻、念起來彆扭，但各位要想了解古印度，這是一個繞不過的詞：它既代表一種宗教，也代表著一種社會階層。

　　做為宗教，婆羅門教是今天印度教的前身，古代印度占統治地位的宗教——請注意都不是佛教。婆羅門教信奉多神，認為世界萬物由天神主宰，其中主要有三位：毀滅之神濕婆，保護之神毗濕奴，創造之神梵天。古印度人認為，不僅人生在輪迴，而且世界也在輪迴：梵天創造濕婆所毀滅的世界，毗濕奴保護梵天所創造的世界，濕婆毀滅毗濕奴所保護的世界，而其他神在做一些修修補補的工作，如此循環

不已。所有神都代表宇宙的本原——「梵」。

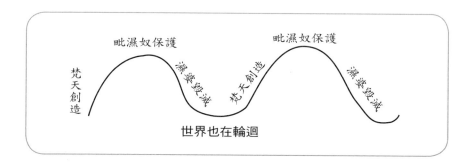

做為社會階層,婆羅門階層是祭司階層。由於在婆羅門教中,祭祀由專人負責,久而久之,祭司們就擁有了代表天神說話的特權。掌握了天神話語權後的婆羅門們,把印度社會分了四個種姓階層——毫不奇怪,他們把自己排為第一階層。因此,婆羅門在那個年代是貴族的名號,如果見面稱「某某婆羅門」,就像今天稱「某某大師」那樣尊敬。

婆羅門教有哪些教義呢?

我們分兩個階段來講。前期的婆羅門教以《吠陀》為經典,宣揚三項主要綱領:[51]

第一,吠陀天啟。《吠陀》是印度神話中對天神的讚歌。婆羅門教宣稱,人類表達對神的景仰,應該從唱誦讚歌開始。理由是《吠陀》受神靈啟示所寫,不容置疑,所以稱為「吠陀天啟」。

第二,祭祀萬能。光唱讚歌還不夠,婆羅門教宣稱還要祭祀。火祭最佳,此外儀式、偶像、咒語也很重要。婆羅門教宣稱,只要祭祀得好,人類就能得到神的喜悅,從而被賜予力量與幸福,所以稱為「祭祀萬能」。

第三,婆羅門至上。既然祭祀是萬能的,主持祭祀的婆羅門就非常重要了。從古至今的神祕人士都把自己包裝為通神、通靈,百用百

靈。婆羅門階層宣稱自己離神最近，所以稱為「婆羅門至上」。

後期的婆羅門教，經典從《吠陀》改為《奧義書》，在教義上有三點補充：

第一，業感輪迴。這是婆羅門教順應社會倫理、接納社會思潮的主張：業力推動著生命輪迴，善有善報、惡有惡報，即「業感輪迴」。

第二，修行解脫。如何面對輪迴呢？古印度氣候惡劣、食物欠缺、戰亂不斷，因此人們的思想偏向悲觀，表現為當其他世界文明都在尋求生命價值時，古印度文明卻斷定輪迴是痛苦。為了跳出輪迴，前期依靠祭祀，後期依靠「修行解脫」。

第三，梵我合一。修行解脫之後，靈魂去了哪裡？婆羅門教認為，最終的解脫是與神合而為一：「我」原本來自梵，最終歸於梵，即「梵我合一」。

前三項綱領加上後三點補充，婆羅門教就形成了「有我說」的循環：

首先，梵為主宰——是為「神我」。其次，生命輪迴——是為「小我」。最後，修行解脫——「小我」並入「神我」。

請注意，這種循環有兩個前提：

第一個前提：「我」是靈魂上的「我」。想想看，要實現「小我並入神我」的目標，只能以無形的精神，不能以有形的肉體吧。這就是為什麼我們在開頭說「靈魂才稱得上我的核心」：最早「有我說」就是這麼來的，之後「無我說」又是針對性提出的，兩種學說都在討論人類的終極問題。

第二個前提：「我」的靈魂必須單一、不變、主宰。想想看，神是單一、不變、主宰的，而「我」的靈魂要與神合一，就必須與神具備同樣的特質，起碼具備同樣的潛力吧。這就是婆羅門教追求「梵我合一」的救贖資訊：世界是腐朽的表象，靈魂歸於神聖的永恆，「小我」與「神我」本無不同。

更請注意，「有我說」不像想像中那麼簡單。

　　首先做為一門學說，它可謂觀點明確，其內容遠遠不止於「有我在」——那樣不變成大白話了嗎？相反靈魂不僅在，而且單一、不變、主宰，才真正為「有我」！

　　其次做為一門宗教，它可謂教義完整。證據就是，婆羅門教後來演變為印度教，考察今天的印度就會發現：面對基督教的入侵、伊斯蘭教的擴張、佛教的復興，印度教仍然牢固占據著印度社會的主流，堅不可摧。為什麼呢？「有我說」絕非不堪一擊！

靈魂無我說

　　為什麼佛陀要反對這麼強大的主流呢？

　　季羨林先生評論道：佛教在興起的時候，在許多方面，可以說是對當時占統治地位的宗教婆羅門教的一種反抗，一種革命。[52] 我的理解是，佛陀倒未必為了革命，但起碼他要證明自己的學說有所不同，否則，世代深信婆羅門教的印度民眾，又何必改弦更張呢？

　　因此我們看到，佛陀基本與婆羅門教的主張針鋒相對。比如婆羅門教唱誦咒語，佛陀就禁止弟子使用咒語；又如婆羅門教講祭祀萬能，佛陀就說祭祀無用；再如婆羅門教鼓吹種姓至上，而佛陀推翻了祭祀萬能，也就推翻了祭司階層的特權地位。看看，婆羅門教的三項綱領全被否定了！而這一切都基於根本教義的改變：否定單一、不變、主宰的靈魂！

　　總要師出有名才行啊，佛陀以何理由改變教義呢？其實我們已經講過，但或許大家未意識到，佛陀提出了兩點理由：

　　第一，人類要「以自為依」，這就讓「我」脫離了「神」——不復存在被神主宰、與神一樣的我。

　　第二，人類要「以法為依」，這就讓「我」隨順因緣法——像萬物那樣因緣和合、因緣離散。

這樣，「有我說」被變為「無我說」。

總結起來，「無我說」確實是針對「有我說」的，但爭論的焦點並不在於有我還是沒我，而在於有沒有單一、不變、主宰的靈魂。

並且，「無我說」也不像想像中那麼簡單，因為它反對單一、不變、主宰的靈魂不假，但能滿足條件的形式不止一種：可能一：靈魂根本不存在；可能二：靈魂存在，卻非「單一、不變、主宰」。

哪種對呢？一場巨大的爭論由此開始。

🌑 佛陀的迴避

在這個問題上，佛陀的態度可謂令人困惑。

首先是迴避。佛陀一向強調以理服人，對來訪者大都有問必答，但只要遇到「靈魂」議題，他就迴避，表現為沉默、比喻、反證。

佛陀曾經保持沉默。有人問佛陀「身與命」的異同，身即身體，命即靈魂，意思是身體與靈魂相同還是不同。[53] 很好回答，但佛陀沒有回答。

佛陀也曾使用比喻。他形容道：正如火焰需要薪柴才能燃燒，靈魂需要愛欲才能預測；也正如熄滅的火焰無法燃燒，死後的靈魂也無法預測。[54] 意思是未知。佛陀還曾運用反證。他質疑：假設你們接受常住不變的說法，愁、悲、苦、憂、惱就不再升起嗎？我至今沒有見到這種情況。[55] 意思是沒用。

結果呢？沒有答案！不僅迴避答案，佛陀還明確否決常見答案。在當時印度社會，流行著三種關於靈魂的主張：

第一種是「有我說」，宣揚靈魂恆常。包括兩種主要宗教：婆羅門教和耆那教——前者強調梵為主宰，後者反對梵為主宰，但兩者都主張單一、不變、主宰的靈魂。佛陀認為這種學說誇大了靈魂的實有，因此不對。

第二種是「唯物論」，宣揚靈魂斷滅。類似西方哲學中的機械唯物主義，當時印度的順勢派學說主張人由地、水、火、風四種元素組成，死了就死了，既不存在靈魂，也不存在輪迴。佛陀認為這種學說貶低了靈魂的實有，不僅不對，而且有害。

第三種是「不可知論」，當時印度的懷疑派學說主張一切無定論：今生是真是假、靈魂是有是無，都值得懷疑。佛陀認為這種學說等於詭辯，不能給世人提供幫助。

如日本學者中村元總結：佛陀清楚地指出自我不是什麼，但對什麼是自我則未做清晰的解說。[56]

結果呢？反正沒答案！那我們只能靠猜測了。

關於佛陀的態度，我想是為了避嫌的緣故吧。佛陀斷然拒絕「靈魂恆常說」和「靈魂斷滅說」，可能希望避開有關靈魂的任何嫌疑。不過這種避嫌很容易引起誤解，以至於後世的佛弟子們一聽到「靈魂」二字，就像見到毒蛇那樣跳起來──其實大可不必。**佛陀否認單一、不變、主宰的靈魂，卻從來沒有否認過靈魂本身。**

至於問題的答案，上一節列出了「無我說」的兩種可能：一種可能是靈魂不存在；另一種可能是靈魂存在，卻不符合單一、不變、主宰的要求。我說第二種對，就要證明第一種不對。

我的證明很簡單：假設靈魂不存在，佛教的理論就無法自圓其說！

🌑 誰在輪迴

我們講過佛教相信輪迴，但問題是：誰在輪迴？

各位如果回憶「佛教為什麼不能沒有輪迴？」答案是因果報應，那就容易理解這個問題的重要性了──因果報應得有對象才行啊。比如張三今生行善、下輩子受益，李四今生作惡、下輩子受罰，這叫善有善報、惡有惡報，不是不報，時候未到。這個機制的前提是，張三、

李四要在輪迴中持續存在。

　　即輪迴要有載體才行。

　　但光有載體不夠，還要避免幾種「意外」：

　　情況一，今生張三行善，下一輩子卻算到李四頭上。

　　情況二，今生張三行善，下一輩子卻與李四一起分享。

　　情況三，今生張三行善，下一輩子卻平均分配到大家頭上。

　　再把上面的行善改為作惡，還會出現情況四、五、六。

　　這麼多意外，有沒有問題呢？

　　對聖者而言都沒問題。世界大同嘛，好結果給別人吧，壞結果給自己吧，別人上天堂，我入地獄，這才叫菩薩！問題是世界上有多少這樣的菩薩呢？恐怕不多。更何況佛陀說法是給聖者聽的呢？還是給凡夫聽的呢？我想主要為教化眾多張三、李四的吧。否則，佛教就將變為一座孤立的寶塔，而不再是一門濟世的宗教。

　　對凡夫而言，上面的意外都很有問題：

　　情況一稱為「輪迴錯亂」。

　　情況二稱為「輪迴無效」。

　　情況三稱為「重新洗牌」。

　　這種因果報應，報應得不明不白！如何才能報應得明白？不能調換、不能分享、不能均分，只能對應！

　　即輪迴中的載體要一對一才行。

　　如何稱呼這種載體？用現代語言講就是靈魂。

　　需要說明的是，這並非我一人的看法，而是眾多佛學研究者的共識。俄國學者舍爾巴茨基（Th. Stcherbatsky）說：佛教從來沒有在經驗意義上否認人格之我或靈魂之我的存在，它僅僅斷定自我並無終極實在性。[57] 日本學者中村元說：否定自我的主張是在後代才出現的，佛陀自己不否定靈魂。[58] 共識的原因很簡單：邏輯上也只能如此。

　　對大多數讀者來說，寫到這裡就可以了。但對佛教中部分傳統人

士來說，不僅不能一帶而過，甚至完全無法通過。佛教之外的朋友會奇怪：已有共識，爭論何來？在介紹佛陀是人是神時，我們提到過學佛與拜佛的不同——大家都尊敬、相信、宣傳佛教，角度卻不同。考慮到漠視不同反而不敬，我就再多寫幾句。

首先，我認為有幾種流傳下來的說法，今天已經很難講通：

第一，「佛教不講靈魂，因為佛陀不講靈魂」。這說法最常見，不過前面已經澄清：不講不等於沒有。更何況，佛陀自己不講，不表示要求後人也不講，更不表示要求兩千年後的現代人墨守傳統。

第二，「佛教不講靈魂，因為佛經中無靈魂」。這種說法更好澄清：靈魂一詞為現代用語，早在兩千年前也沒人會用這麼個詞！

第三，「靈魂就是單一的、不變的、主宰的，因而不存在靈魂」。這種說法最令人混淆，因為這裡有兩個不同的概念：全部的靈魂和單一、不變、主宰的靈魂，前者有多種形式，後者指某種形式。如果為了迴避靈魂，先把所有靈魂都預設為「單一、不變、主宰」，那無異於先把冷水、溫水、熱水、開水都定義為「101 度的水」，然後宣布水不存在。好意歸好意，卻替換了概念吧。

其次，我認為，歷史上的傳統人士與我站在一邊，他們雖然不願意提及「靈魂」一詞，卻並非沒有意識到問題的存在。後期的佛經中就暗示如此：

——《佛說三世因果經》中說：欲知前世因，今生受者是；若問後世果，今生做者是。[59] 請問前世今生的載體是誰呢？

——《大寶積經》中又說：假使經百劫，所做業不亡，因緣會遇時，果報還自受。[60] 請問果報自受的載體又是誰呢？

——最清楚的暗示甚至超過了暗示，莫過於《南傳小部》中說：布施、戒行、自制、從順，如同行善積累下來的寶物，在死亡時也不會被剝奪，將被帶去來世。[61] 請問：誰能把寶物帶去來世呢？

答案都只能是「某種不叫靈魂的靈魂」。

　　後期的佛教流派也暗示如此，用諸多概念填補「誰在輪迴」的真空，如補特伽羅、第七八意識、本心本性、如來藏等等。無不說明高僧大德們覺得這一問題必須解決！

　　看來所謂爭論，不存在義理之分，只存在不說與說清之分。傳統的方法沒錯，但佛教已經跨越了兩千多年的春秋，時至今日，我建議：

　　現代佛教接受靈魂又何妨？

　　理由很簡單：縱觀世界上流傳下來的各種宗教，無不包含終極關懷的屬性，哲學家田立克（Paul J. Tillich）以此為宗教的本質。我想做為世界上第四大宗教的現代佛教，沒必要例外，也不應該例外。所謂終極關懷，即承諾另一個世界，承諾人死後會去那個世界。該如何解釋人在另一個世界存在的形式呢？無論如何迴避，現代的名詞就稱作靈魂！

　　傳統人士會說：那佛教不就與其他宗教一樣了嗎？不。**佛教中的靈魂有別於其他宗教的靈魂，它不單一、不永恆、無主宰。但它仍然存在！**

　　唯有如此，佛教才能在這個時代自圓其說——不是含混不清、合乎傳統，而是光明正大、合乎理性：

　　第一，佛教需要輪迴，否則人生指導就失去意義。

　　第二，輪迴必須有一個靈魂，否則就找不到「誰在輪迴」。

　　第三，按照因緣法，靈魂還不能單一、不變、主宰。

　　於是，我們得出了似曾相識的結論：**靈魂「存在不實有」。**

　　很巧吧，世界如此，身體如此，思維如此，現在靈魂也如此！很獨特吧，在所有的學說中，靈魂實有的很多，靈魂沒有的不少，但靈魂存在不實有的，恐怕只此一家！

定義「無我」

至此為止，我們一直在講「無我」，卻還沒定義「無我」。該如何定義呢？

存在不實有。

既巧也不算巧：之前講的各種「存在不實有」，不過是「無我」的各個方面，不如此定義才奇怪！

但公平地講，本書關於「無我」的定義，既非最常見的解釋，亦非最好理解的解釋。

為什麼這麼說呢？

先從文字上看，「無」與「我」來自同樣簡單的兩個梵文：An 相當於否定詞「無」，atman 相當於人稱代詞「我」，合併起來 Anatman 就是「無我」。翻譯沒問題，理解上卻有三種可能：

第一，無主體；第二，無自我；第三，沒有「我」。

再按照意思上的近似，把第一、第二項合併為「存在不實有」，把第三項等同於「我不存在」，就變成了兩種「存在」：

一、存在不實有；二、「我」不存在。

會不會都正確呢？不會。因為一個存在，一個不存在，直接矛盾。就是說上面兩種「存在」，還不會同時存在！

當然我想說：第一種說法正確，第二種說法錯誤。但第二種說法——「我不存在」之所以流行並非全無道理，它在文字上最接近，在意思上最好懂，以至於變成了流傳最廣的對「無我」的誤解。

之所以稱其為誤解，我有以下理由。

首先，「我不存在」不符合經典。《南傳經藏》中記載，佛陀強調珍惜生命時曾說過下面一段話，其內容無須深究，但重要的是在短短五句中出現了九個「我」字，全為肯定，毫無否定：

　　我欲生、不欲死，欲樂而厭苦。我欲生、不欲死，欲樂而厭苦，若有奪我命者，則於我為不可愛、不可意。他亦欲生、不欲死，欲樂而厭苦，若我奪其命者，則我為不可愛、不可意。於我為不可愛、不可意之法，於他亦為不可愛、不可意之法。於我為不可愛、不可意之法，我云何加諸於他耶？[62]

　　此外，《阿含經》中又見「無常之我」、「變易之我」[63]，均說明一點：佛陀不反對用「我」描述存在，相反自己常常這麼做！

　　講到這裡，回頭看看本章開頭的問題就清楚了：佛經中出現那麼多自我原本正常，只有當「無我」被解釋為不存在時，才變得不正常！

　　其次，「我不存在」指向神祕。因為它的下一個問題是「我去了哪裡？」有人藉此宣傳成仙成道，讓信徒們追求出世幻覺。如此神祕帶來的神聖、神奇，在別人看來沒問題，在我看來很有問題：佛陀的學說是理性的，即使不靠神祕，依然可以神聖、神奇。

　　最後，「我不存在」產生誤導。同樣為解釋「我去了哪裡」，有人引申出「無私」或者「融入大我」。崇高歸崇高，但邏輯上不成立：試想假如「我不存在」成立，那「小我」都消失了，「大我」如何存在？一個不存在的「小我」融入一個不存在的「大我」，意義何在？

　　回頭看看本章開頭的另一個問題，也清楚了一半：「小我融入大我」原本留待最後說明，但當「無我」被解釋為不存在時，就變得無法說明！

　　綜上所述，**我們拒絕第二種說法，只承認第一種說法——存在不實有。**

⬤ 無常故苦、苦故無我

　　至此我們講完了佛陀的人生觀：無常、苦、無我。

我們提到它們關係密切，但各位尚不清楚密切到什麼程度：之前從外部看，它們同源、同歸；現在從內部看，它們還彼此遞進。

如何遞進？**無常故苦，苦故無我。**

前半句我們已經講過，後半句再略作說明。所謂「苦故無我」，有兩種說法均可接受：一、從因出發，因為苦，所以無我；二、從果出發，為了滅苦，所以無我。前一種說法更符合佛陀的原文，[64] 而後一種說法更符合佛陀的目的。

放在一起就清楚了，佛學的邏輯何等嚴密！無常、苦、無我，加上因緣法的關聯如下所示：

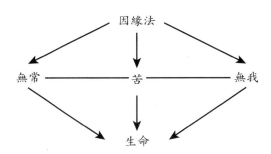

聽起來很對吧？就像所有「聽起來很對」的理論那樣，佛教理論也面臨落實的問題：一、如何檢驗；二、如何記憶；三、如何實踐。加起來就是現代人常講的「從理論到實踐的鴻溝」。如何跨越鴻溝？佛陀留下了方法。

17. 一種覺，驗證無我
——佛陀自稱為覺者

悉達多心理學的第三個獨特之處是：一種「覺」。

在所有的佛學概念中，我認為這是最容易被忽視的一個。究其原因，倒不是說誰有意忽視，而是佛學中的概念實在太多，多到任何概念都容易被忽視的地步。隨便說起來，就有戒、定、慧、空、禪、信、解、行、證、聞、思、修、慈、悲等，於是淹沒了最重要的——覺。

可能有人不以為然：佛教的概念都重要，哪會一個比另一個更重要？言下之意，這是你個人的偏好吧。說實話，還真不是我的，頂多說是佛陀的偏好。

請各位想想：為什麼佛陀自稱為一名「覺者」？

其實佛陀選擇很多。如果用佛教語言，為什麼不自稱戒者、定者、慧者、禪者、空者、慈者、悲者呢？如果用大眾語言，為什麼不自稱老師、聖者、尊者、大師、神仙呢？在眾多的選擇中，佛陀偏偏選擇這個「覺」字。更值得注意的是，**在梵文中，「覺」就是佛、佛就是「覺」**——這還真是佛陀的偏好。

🔘 方法最難得

那你會問：何以給「覺」如此之高的地位呢？我以為全憑一點：**方法最難得！**

有人說，理論不是更重要嗎？要看對誰而言。思想家們喜歡討論問題，因此更重視理論，恨不得海闊天空才好。但實幹家們需要解決

問題，因此更重視方法，有方法才接地氣。

心理學，在我看來，最好屬於後者。心理學要驗證理論、獲得認知、指導實踐，都需要方法；心理治療從治病救人到恢復健康，更需要方法。但現實情況是，在這個領域，從來不缺理論，但缺方法，往往理論太多，方法全無。

佛學的心理學何嘗不也如此。

心理學家榮格說：「偉大的革新從來不來自天上，它們一向來自大地，正如樹從不由天空向下生長，而是由地向上生長一樣。」把佛學比喻為一棵參天大樹，我們往往仰視上面的繁茂枝頭──佛學的理論，卻容易忽略讓大樹抓住土壤的根──覺的方法。

（事實上，佛陀留下的方法並非一種，至少且主要包括「定」與「覺」兩種，考慮到前者非佛學獨有，本書僅涉及後者。）

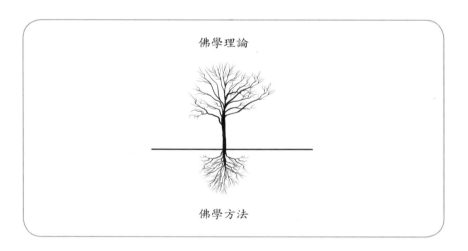

佛學理論

佛學方法

🌐 覺與覺知

何為「覺」？

簡單說就是感覺，複雜說就是覺悟，如果選擇折中的定義，就用

覺知吧。

何為「覺知」？

覺是覺察，知是知道，覺知即覺察與知道。由此我們就可以看出感覺、覺知、覺悟三者之間的關係：覺察來自感覺、知道通向覺悟，從感覺到覺知，再到覺悟是從低級意識到高級意識的過程。

感覺 ───────────→ 覺知 ───────────→ 覺悟
（覺察　知道）

考慮到筆者另外寫過一本佛學方法論的書，為避免原來的讀者感覺重複，這裡不再贅述「什麼是覺知」，只澄清「什麼不是覺知」。

覺知不是感覺。

這種誤解有一定道理——先有感覺，後有覺知。反過來也證明兩者位置不同：前者發生於器官，後者發生於大腦。當眼、耳、鼻、舌、身受環境刺激時，器官中的神經細胞會形成感覺信號，其中少部分信號，最終形成視覺、聽覺、嗅覺、味覺、觸覺等覺知；而大部分信號，或者未被大腦覺察，或者未被大腦知道，都不會形成覺知。

可以說，感覺是有意識的或無意識的，而**覺知則一定是有意識的。**

覺知不是思維。

這種誤解也有一定道理——它們都屬於大腦活動，分別屬於大腦認知的兩條通路。

一條叫思維通路，特點在於思維加工。在這條通路中，情緒、判斷、意志以不同方式處理感覺信號。

另一條叫覺知通路，特點在於思維不加工。在這條通路中，只存在原始信號：先是感覺被大腦「覺察」，沒有處理；接著大腦確認「知道」，仍然沒有處理。

現代醫學已經證實了這點：大腦中負責感覺的區域與大腦中負責

思考的區域位置不同，證明兩條通路已經被物理隔離。

覺知不是瑜伽。

這種誤解同樣有一定道理——覺知並非佛教獨有，如瑜伽中也講覺知。瑜伽又分為宗教瑜伽和現代瑜伽。

在宗教瑜伽中，覺知被當作一種精神追求，目的在於體會印度教「梵我合一」的境界。這正是佛教所反對的，佛教認為「梵我合一」是一種幻覺，覺知沒那麼神祕。

而在現代瑜伽中，覺知又被當作一種身心鍛鍊，完全取消了精神意義。不僅現代瑜伽如此，世界各地的一些舞蹈也講覺知，也把覺知當作身心鍛鍊。這同樣是佛教反對的，佛教認為修行帶有精神目的，覺知又沒那麼普通。

不過可以理解的是，印度教與佛教有諸多相似之處，以至於時常被西方人士混為一談。

總結一下，**感覺、思維、瑜伽都與佛教中的覺知有些相似，但都無法取代覺知在佛教中的功能。**哪些功能呢？

● 我覺故我在

我們的學習過程包括三個環節：理論、認知、行為——把大腦比喻為電腦，輸入端是理論，電腦中是認知，輸出端是行為——對應這三個環節，正是覺知的三個功能。

I. 覺知實證理論

若問誰的理論？佛陀的理論。

你會說：佛陀的理論這麼神聖，還要驗證嗎？如果你真這麼說，那對你來說不僅要，而且必須要。因為這指示不來自別人，而來自佛陀本人。佛陀說：「如實觀。」[65] 即要我們實證。

方法就是覺知。

首先要掌握要領：或者練習靜坐中覺知，或者練習運動中覺知，要領不在於身體的姿勢，而在於心靈的狀態。比如某人靜坐一個小時，並不表示就有覺知，除非他或她的「心」在覺察、在知道。

掌握要領之後，我們就可以實證無常、苦、無我。想必這些文字聽起來很抽象吧，沒錯，所以我們才要覺知。效果簡單而神奇：它化文字為感覺、它化抽象為具體。

以靜坐練習為例，第一步是進入禪定，第二步是覺知——先覺察，後知道。

按色、受、想、行、識的次序進行：

「觀身體」，覺察身體的器官，問自己知不知道感覺的生、滅。

「觀情緒」，覺察自己的情緒，問自己知不知道感受的苦、樂、不苦不樂。

「觀判斷」，覺察大腦的思緒，問自己知不知道念頭的流轉。

「觀意志」，覺察大腦的指令，問自己知不知道意志的演變。

「觀意識」，覺察自己的精神狀態，問自己知不知道意識的生滅、流轉、演變。

如果你能回答上述問題，就能得出下列結論：[66]

第一，生命在變化——這是無常。

第二，生命在敗壞——這是苦。

第三，生命無主宰——這是無我。

驗證佛陀的理論，在古代主要是為了讓人們自知自證，但對現代人來講還有額外的意義。

首先，意味著佛陀的學說是完整的。把佛陀與佛洛伊德對比，我們就會發現兩位大師之所以是大師，關鍵都在方法：假設佛洛伊德沒留下精神分析的方法，那潛意識理論只是猜測；假設佛陀沒留下**覺知**的方法，那無常、苦、無我的理論也是空談。相反地，因為兩種學說

既有理論也有方法，才各自形成了今天龐大的體系。

其次，意味著佛陀的學說是理性的。實證帶來了懷疑、懷疑帶來了理性，對科學如此，對心理學如此，對佛學也如此。我們從「覺察與知道」的定義可以看出，覺知法與內省法何其相似，至少悉達多心理學與理性心理學是相通的。（至於覺知法與內省法的不同，簡單地講，前者是被觀察的一部分，而後者是觀察者的一部分。）

更實際的意義在於，佛陀的學說是普世的。你會說：「即使沒實證，我也相信佛陀啊。」沒錯，對信徒來講佛陀的話已經足夠，但對今天世界上大多數人來講，光有佛陀的話不夠。甚至我認為對真正的信徒也不夠才對：想想看，佛陀之所以留下這個方法，就是允許我們懷疑啊！

由此引出下一個話題：懷疑後如何更相信？

II. 覺知獲得認知

當我們講「思維不是我」時，已經埋下問題的伏筆：人類需認知指導行動，這點有別於動物。既然思維不可靠，那怎樣的認知才可靠呢？

佛學認為：**覺知更可靠。**

這當然是有邏輯的。如果審視「五蘊」的次序，我們會發現兩種認知方式：

第一種是思維式的認知。流程是：從感覺開始，經過情緒、判斷、意志，最後形成思維。

情緒（受）、判斷（想）、意志（行）

感覺（色）－－－－－－－－－－－－－－－－－－▶ 思維的認知（識）

第二種是覺知式的認知。流程是：感覺直接形成直覺。

感覺（色）━━━━━━━━━━━━━━━━━━━▶ 直覺的認知（識）

覺知

憑什麼說後一種認知更可靠？

首先在輸入端，它直通感覺，最靠近真相。比如有些朋友「跟著感覺走」，看似胡來，並非完全胡來！

其次在輸出端，它直通直覺，最未經汙染。所謂未經汙染，指的是未經情緒、判斷、意志等加工。愛因斯坦說：「在探索之路上，知識用途不大，真正可貴的是直覺。」意思是原創力來自直覺。方法何在呢？把「直覺」兩字拆開就知道——直接覺知！

這就是覺知獲得認知的力量。

考慮到「覺知取代思維」的話題如此複雜，卻被如此簡述，我們還是回答幾個問題吧。

有朋友問：**覺知比思維可靠，那還需要思維嗎？**

當然需要。首先，思維不比覺知真實，卻比覺知方便；其次，佛教強調「聞思修證」，「聞思」屬於思維，「修證」屬於覺知，都被承認為認知的來源。更重要的是，思維雖然不夠真實，但可以變得真實，如「聞思修證」的次序所暗示：思維經過覺知審核，就可以變為真實的認知。

也有朋友問：**覺知比思維真實，那「我思故我在」還成立嗎？**

當然成立。只不過覺知比思維更可靠，「我覺故我在」就更成立。

還有朋友會發現一個「漏洞」：**我們講了「存在不實有」，那覺知不也「不實有」嗎？**

如果你真這麼問，那我要祝賀你已經接近佛學的真諦了：所謂覺知的可靠，不過相對而言；所謂「我覺故我在」，嚴格地講是「我覺

我不在」。

透過覺知，可以相對可靠地認知，由此引發下一個話題：如何相對可靠地行動？

III. 覺知控制行為

要理解這點，我們就要區分「無覺知的行為」與「有覺知的行為」。前者屬於無意識狀態，後者屬於有意識狀態。

聽起來有意識似乎很容易，但真正容易的是無意識。回想一下我們剛剛過去的一天：有多少時間有真切的感受呢？恐怕記不得多少。這意味著一天中的大部分時間，我們糊裡糊塗就過來了。再回想去年、前年，恐怕真切的感受能想起得更少。沒錯，一生中大部分時間，我們都糊裡糊塗地過來了。

長話短說，糊裡糊塗的根源在於習慣。習慣開始於無意識的思維，經過無意識的情緒，最終表現為無意識的行為。比如某位朋友決心戒菸，並且這已經是他第 N 次決定，我們不能說他沒有正確認知，因為這位朋友誠心認為吸菸有害。但每次戒菸行動都倉促失敗，原因是心中還未升起正確的認知，嘴上已經習慣性地叼上香菸。

如何改變習慣思維、習慣情緒、習慣行動？

還要靠覺知。

原理很簡單：無意識狀態與有意識狀態不能共存，習慣與覺知也不能共存。當我們不知道自己在做什麼的時候，習慣接管了我們的行動；而當我們知道自己在做什麼的時候，認知控制著我們的行動。所以破除習慣，說難也難、說易也易：只要恢復覺知，就能在習慣之前阻止習慣！

這又是覺知控制行為的力量。

🌑 佛學的關鍵

現在各位清楚覺知的功能了：它實證理論、獲得認知、控制行為。
但遠比單一功能更重要的是：它還連接著整個佛學系統。

I. 覺知是連接理論與認知的關鍵

理論一定導致認知嗎？未必。理論是理論、認知是認知，這是讓歷史上無數思想家和現代無數心理學家苦惱不已的問題。

舉個西方的例子吧。為什麼歐洲教會從十六世紀後走向沒落？因為信徒們聽到的太矛盾，當左耳聽著《聖經》，右耳聽著購買贖罪券時，人們心中升起了巨大問號。事實上《聖經》的理論沒錯，教會的認知真實，兩者的差距，在利益面前就暴露出來了！

究其原因，理論是外部的，停留於記憶淺層；認知是內在的，存在於記憶深層。之間的轉化，似乎並不牢靠：正確的理論，有時導致正確的認知，有時導致遺漏的、遺忘的、矛盾的認知。

所謂遺漏的認知，就是「左耳進，右耳出」。老師講得很好，學生根本沒放進心裡，其實根本算不上認知。

所謂遺忘的認知，就是「今天記，明天忘」。想想我們上學時倒背如流的課文，工作後還記得多少？恐怕大部分變成了遺忘的認知。

所謂矛盾的認知，或許比前兩種要費解。請注意，這裡沒用「錯誤」一詞，而用了「矛盾」一詞，因為我們大腦中常常既記憶正確的內容，也記憶錯誤的內容——這部電腦存儲前者時並未刪除後者，結果自相矛盾。遇到決策時該選哪個呢？就看哪種認知更可靠了。

所以，請不要把從理論到認知想當然：佛教有了覺知，才讓過程更可靠。

II. 覺知是連接認知與行為的關鍵

接下來，認知一定導致行為嗎？未必。認知是認知，行為是行為。這是讓歷史上無數思想家和現代無數心理學家苦惱不已的又一個問題。

舉個中國的例子吧。在歷史上國人不存在宗教的質疑，卻存在道德的質疑。每當遇到外敵入侵──不管元朝滅宋，還是清兵滅明──首先投降的往往都是戰前義憤填膺、怒吞敵軍的道德家。只恐怕，戰前怒得沒錯、戰時跑得真實，兩者的差距，在危害面前就暴露出來了。

究其原因，我們行動很少按照認知，更多是按照本能。認知與行為之間的轉化，似乎也不牢靠：正確的認知，有時導致正確的行為，有時導致不作為，甚至有時導致錯誤的行為。

比如我們前面提到的問題：明白了因緣法，各位為什麼仍然苦？原因在於：一要從因緣法理論到滅苦的認知，二要從因緣法認知到滅苦的實踐。兩個環節都可能出問題。

十有八九，第一個環節就出問題。即便我們聽到了因緣法，或者根本沒記住，或者表面上記住了但存在矛盾的認知。這就需要覺知：在自我覺知中體悟因緣法，獲得除貪、除瞋、除痴的新認知──先從認知上「滅苦」。

十有八九，第二個環節也出問題。即便我們已經有了不貪、不瞋、不痴的認知，卻仍按照本能行動。這又需要覺知：在自我覺知中控制行為，獲得除貪、除瞋、除痴的新習慣──再從行為上滅苦。

所以，同樣不要把從認知到行為想當然：佛教有了覺知，才讓過程更可靠。

那麼，無覺知方法的學說，就一定會失敗嗎？反過來，以覺知為方法，佛學就一定能成功嗎？

這都涉及到轉化率的問題。回答前一個問題：即使某種學說不談覺知，也能在一定比例內化理論為認知，只不過轉化率原本就有限；接著能在一定比例內化認知為行動，只不過轉化率原本也有限。回答

後一個問題：佛教講了覺知，也不能百分之百化理論為實踐，但起碼轉化率會相對提高。顯然，為跨越「從理論到實踐的鴻溝」，佛學增加了覺知的保險。雖說世界上沒有絕對的保險，但有總比沒有強吧！何況還是兩道保險！

III. 覺知是連接身心的關鍵

如果說前兩點重要於心理學理論，那麼最後這點就重要於心理治療。我們知道生命是一個整體、身心是一個整體，因此連接身心既有益於生理健康也有益於心理健康。更不用提，就像心理學苦於尋找連接理論與實踐的方法，心理治療更苦於尋找連接身心的方法。

覺知如何解決這個問題呢？再簡單不過：「覺」開始於身體的感覺，「知」終止於心靈的大腦，因此「先覺後知」的練習必然是連接身心的練習。由於始終強調覺知的實修，悉達多的心理學才不是一句空話。

關於身心的話題，按說我們應該大書特書才對，但考慮這不是本書的重點，我們先點到為止，留待最後再略作補充吧。

歸納起來，**覺知有解決問題的三項功能，還是連接系統的三個關鍵**。佛陀確實為我們留下了難得的方法！

回答為什麼佛陀自稱為「覺者」，我認為除了「覺」字的重要性外，還有更實際的考量：要知道，佛陀何等敏感又何等細心，或許他預感到今天佛學界太多概念的可能，該如何提醒我等後輩「方法最難得」呢？佛陀留下了不能更明顯的記號——**以此命名自己！以此命名佛教！**

18. 悉達多的認知療法：無主亦無客
——拔掉第一支箭

　　清楚了悉達多心理學的獨到之處，讓我們完成最後的治療 —— 按現代心理治療的分類，先認知療法，後行為療法。

　　說來有點悖論，悉達多的認知療法，特點在於否定認知。我指的還不是否定思維的內容，那樣就算不上悖論了，因為現代心理治療也糾正錯誤的認知；我指的是佛學不僅否定思維的內容，還否定思維本身，這才是我所說的否定認知。

　　最簡單的形式就是拔掉「第二支箭」。還記得第 15 章的例子吧：你被路上的凳子絆倒，由此引發的胡思亂想就是第二支箭，佛陀請你先否定胡思亂想、先拔出第二支箭、先取消不必要的煩惱。這只能算**悉達多認知療法**的表層涵義。

　　那「第一支箭」呢？你會說，我現在不胡思亂想了，但腿還在疼啊！沒錯，不用說絆倒這種小事，遇到大事如何應對？如身體、家庭、經濟、職位、學位等等，都可能帶來煩惱，並非想像出來的煩惱，而是真真切切的煩惱啊！要拔出這第一支箭，就需要**悉達多認知療法**的深層涵義：徹頭徹尾地否定認知！

　　怎麼個徹頭徹尾法呢？我們知道認知有三要素 —— 主體、客體、本身，如果用一支箭來比喻，認知的對象就像箭頭，認知者就像箭尾，認知本身就像箭身。面對煩惱之箭，我們該從哪裡折斷？悉達多的心理學，準備同時從這三個環節入手！

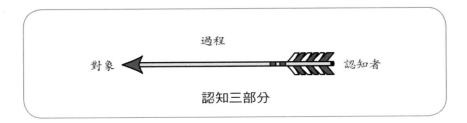

過程

對象 ← 認知者

認知三部分

破法執

第一步叫「破法執」。

何為「破法執」？法是認識的對象，執是執著，加起來，就是不要執著於認識的對象。

「破法執」的理由在於：世界存在不實有，既不值得執著，也無所執著。比如我們可以抓住山川大地，它們看似固定，但我們如何抓住流水空氣呢？它們變動不居，想抓也抓不住。即使山川大地的固定，佛教認為也不過表象罷了，在表象背後，萬事萬物都沒有可以抓住的本質。

在這點上，佛學遠遠超前於它所在的時代，以至於一直跨越到各位所在的時代：看看近半個世紀來西方興起的後現代思潮，否定的是絕對的本質，承認的就是多元、動態、關聯的本質，正可謂「存在不實有」的文化！

如何「破法執」？

《金剛經》說「應無所住」，意思是既要擺脫環境，也要擺脫自己。擺脫環境容易，擺脫自己很難，但又十分必要，為什麼呢？

佛陀常常用火焰比喻生命：眼為燒、色為燒、眼識為燒、眼觸為燒，意是燒、法是燒、意識是燒、意觸是燒。[67]

火焰可以傳遞，讓人想起生命的莫測。龍樹菩薩形容一根薪柴點燃下一根薪柴，生命就這樣一次接一次地燃燒下去。[68]

火焰變動不居，讓人想起生命的無明。佛陀說：生死輪迴不已，卻以無明為趣，因為不明白此事，輪迴停不下來。[69]

火焰灼熱難忍，讓人想起生命的痛苦。佛陀說：由於攀緣生命，才有苦的升起。[70] 稱之為「五蘊熾」苦。

我們無法否認火焰，卻可以否認火焰中是自己。破除認識的對象，這是第一步。

🌑 破我執

第二步叫「破我執」。

何為「破我執」？「我」是認識的主體，「執」是執著，加起來就是：不要執著於認識的主體。同一個「我」，在上一節中做為認識的客體，在這一節中做為認識的主體。

理由在於：「我」也不實有，因此要「無我」。

公平地說，不僅佛學講「無我」，西方哲學也講「非我」。德國哲學家費希特用「我與非我」解釋世界：世界開始於「我」，即人類精神；接著「我」創造「非我」，即人類改造環境；最後「我」與「非我」合為一體，即發展中的世界。

同樣公平地講，不僅西方哲學講「我」，佛學也講「我」。佛陀用十二因緣解釋人生：生命開始於一股混沌中的無明，無明生成了執著，相互作用生成了「我」的意識；接下來，「我」的意識把世界區分為精神、物質、感官，三者的接觸生成了感受；再下來，感受生成了愛，愛生成了欲望，欲望生成了占有；最後生成了老、病、死的循環。[71]

差異在於，費希特認為「我」與「非我」都實有，並且「我」是好的，創造了世界；而佛陀認為「我」與「非我」都不實有，並且「我」是壞的，帶來了煩惱。於是，西方建立自我，佛學破除自我。

如何「破我執」？

先看能不能破除自我。西方學者孔茲（Edward Conze）舉出一個實例：有一顆牙齒開始蛀了，這是牙齒之間神經的生命過程，如果現在「我」察覺到這顆牙齒，確信這是「我的」牙齒，而且相信所發生在牙齒的一切會影響到「我」，這時某種心理的不安就產生了。對於此佛教認為：這裡「我」是想像的虛構物罷了，並無真實之物與它相關。[72]

如果不能破除自我，不妨模糊自我吧。根據因緣法：一隻鼠不可能永遠為鼠，因為下一輩子牠可能變為貓；即使這一輩子，鼠也可能被貓吃掉，變成貓的一部分。同樣的道理，大山不是絕對的大山，它被風雨沖刷著；大海也不是絕對的大海，它被江河匯集著。「我」的界限，何嘗不也如此。

破除了認知的主體，這是第二步。佛學的認知療法可謂**無主亦無客**。

● 破執著

第三步叫「破執著」。

類似西方哲學中既有認識二元論，也有認識一元論，如果有朋友不喜歡主客二元論，就把它們合併在一起吧：破除執著本身。理由也類似：思維「存在不實有」。

就此解釋一下，我們之前講煩惱的來源既包括執著，也包括貪、瞋、痴，為什麼現在講認知療法時，只提前者而不提後者呢？基於兩點考慮：

首先，執著既是認知，也是行為。它在佛教中，包括意志、語言、行動三部分，如果對應現代心理學的話，可謂認知與行為的跨界。因此前面講「執著是行為」沒錯，現在講「執著是認知」也對。

其次，執著相比貪、瞋、痴容易解決。因為相對於後者只能認知，前者既可認知亦可行動。如佛陀所說：斷一切執著，調伏心煩惱，就會到平靜。[73]各位在書店裡見到很多平靜、淡然、不執著的佛教小故事，其法理依據在此。

如何「破執著」？

先要保持覺知。否則執著也不自知。

再要隨順因緣。以佛陀為例，他平時衣著簡陋，沒覺得不適；但有一次別人送來一件黃金袈裟，他坦然收下，也沒覺得不妥。[74]

順帶講下，有一種流行把「隨順因緣」引申為臣服。說它引申得好或引申得不好，都是由於這個詞借用基督教概念的緣故。顧名思義，臣服就是趴在地上、無條件順從。基督教要我們向上帝臣服，佛教要我們向誰臣服呢？向「存在而不實有」臣服。苦存在，但不實有；樂存在，也不實有。如何安於不實有的環境？佛陀讓我們隨順苦樂的因緣。

總結一下悉達多認知療法：

第一步「破法執」——去掉了煩惱的客體。

第二步「破我執」——去掉了煩惱的主體。

第三步「破執著」——去掉了煩惱的思維。

於是煩惱之箭消失了，佛陀粉碎了箭頭、粉碎了箭尾、粉粹了箭身！

如此粉粹，才稱得上徹頭徹尾地否定認知！

悉達多的認知療法

🌑 破空執

在前面「破除一切」之後，居然還差一步——「破空執」。

何為「破空執」？

佛教把頑固地堅持一切皆空稱為頑空，這裡把破除頑空稱為「破空執」。或許有人會問：堅持空有什麼不好呢？那不是不執著的典範嗎？其實，空與不執著都沒問題，但一些佛教信徒太相信空、太相信不執著，以至於走向另一種執著。

「破空執」的理由很簡單：空也存在不實有，不執著也存在不實有。

如何「破空執」？

就是破除對不執著的執著。我們常常見到社會上某些人，或放蕩形骸，或無所事事，都以不執著的名義，好像不如此就不夠超脫似的。其實不執著不表示不正常，如果處處反常，反而變成了執著；類似地，超脫表示不做事，如果好事也不做，反而變成了不超脫。

佛陀所教的中間之道是既避免一直陷於煩惱，也避免一味迴避煩惱。如果把煩惱比喻為天上的雲，我們既無須追著雲跑，也無須否認雲的存在吧。

看來我們在「無主亦無客」之後，還要增加一條：**無有亦無空**。

🌑 安全感的問題

破我執、破法執、破執著、破空執，理由都是「存在不實有」。各位不免好奇：如此重要的理論，為什麼只有佛陀一人講，很少聽到別人講呢？

因為它帶來一種不安全感。

要知道，追求本質是人類思維的共性，只有當立足於本質時，人類才感到安全。看看實有與虛無的天秤兩端：一端是我有、法有、意

識有──絕對本質讓人覺得安全；另一端是法空、我空、意識空──空何嘗不也是絕對本質，也讓人覺得安全。唯有佛學的「存在不實有」，無異於懸空本質，讓人如何心安？

西方學說還好說，因為本來就與佛學體系不同，但即使到佛教內部，不安全感也在彌漫。雖說後期佛教並非本書的重點──我們講的是悉達多的心理學，不是悉達多之後的心理學，但我簡單總結後期佛教為兩種分化：

一路朝向「不存在不實有」，儘管還沒到絕對的空。

一路朝向「存在實有」，儘管也沒到絕對的有。

我既不反對西方學說，也不反對後期佛教，因為它們都符合歷史發展的必然，只不過這種必然反過來證明：佛陀的「存在不實有」絕非想當然耳的事。如同一位走鋼絲的高手，在別人覺得最不安全的懸空中，佛陀覺得最安全，或許在他看來，**安全也「存在不實有」**吧。

● 需要一點虛無主義

講了這麼多「存在不實有」，各位難免認為：佛教是不是虛無主義呢？

確切地講，佛教反對絕對虛無，卻足以代表虛無的傾向。我知道這句話的前一半需要對佛教外的人解釋，而後一半需要對佛教內的人解釋。解釋很簡單：傾向是比較出來的，與所有現代宗教、現代哲學、現代心理學相比，佛教最接近虛無主義──儘管還未達到絕對的地步。**我想討論的重點不在主義，而在效果：這種傾向是好是壞呢？**

或許要看什麼場合。

假如你面對一個健康的年輕人，對他或她來說一切都欣欣向榮、一切都需要奮鬥、一切都等待發現，這時候你告訴他或她說奮鬥不真實、世界不真實、一切不真實甚至連你自己都不真實，這好嗎？當然

不好，很不好。

　　但假設你面對一個心理治療的來訪者呢？

　　比如這位朋友因炒股失敗而想跳樓，你是否希望他或她把金錢損失看輕一些呢？或許虛無一點為好。虛無會讓病人停止自殺。

　　比如這位朋友因失戀而心如刀割，你是否希望他或她質疑愛情究竟為何物呢？或許虛無一點為好。虛無會讓病人走出陰影。

　　比如這位朋友因悔恨而陷入自責，你是否會希望他或她理解自我也未必真實呢？或許虛無一點為好。虛無會幫病人放鬆自己。

　　因此，我要為「虛無」正名。**至少在心理問題上，虛無的傾向沒什麼不好。**不要因為這個詞常被批判，就唯恐避之不及。好比罌粟有毒，亦可入藥，同樣的道理，虛無對奮鬥拚搏有害，卻對心理治療有益。

　　可以想像，假如沒有這劑藥，我們很難拔掉「第二支箭」，更無法拔掉「第一支箭」！

　　總結一下悉達多的認知療法，佛陀把虛無的傾向用到極致：

　　第一，他用得徹頭徹尾：虛無掉每一認知環節。

　　第二，他用得恰到好處：既虛無又不徹底虛無。

　　這位「半虛無主義」的大師，值得占有現代心理學的一席之地！

19. 悉達多的行為療法：實踐於正道
—— 佛學不是做好事

　　理解難，行動更難。正因為如此，在悉達多的認知療法之後，還有悉達多的行為療法。不過與前者的超出常規相比，後者往往被認為太合常規 —— 佛教以「八正道」為修行方法，即八種方法：正見、正思維、正語、正業、正命、正精進、正念、正定。[75] 分為認知、行為、覺悟三部分：

　　——認知，即第一項：正見。

　　——行為，即第二到六項：正思維、正語、正業、正命、正精進。
　　　其中正思維在現代心理學中算認知，而在佛學中算行為，此處按佛學分類。

　　——覺悟，即第七、八項：正念、正定。

　　確切地講，悉達多的行為療法，應該稱為悉達多的「認知—行為—覺悟」療法才對。

　　真的太合常規嗎？

　　誤解一，八種方法好像「道德說教」似的。我想告訴各位：還真不是這樣。對此我會提供有力的論證，但考慮到我的論證比道德說教還有爭議，最後再講。

　　誤解二，八種方法好像「普普通通」似的。我想告訴各位：**佛陀的道理向來微言大義**。我把佛陀的「大義」總結為三點，穿插在八種方法中，可以先講。

● 從正見開始

八種方法的第一部分是認知。

照理說我們已經講到行為了，之所以要再講認知，因為兩者在佛學中分也分不開：八種方法無法盲目開始，只能開始於正見，即正確的世界觀——因緣法，及正確的人生觀——無常、苦、無我。

各位可能覺得此話多餘：誰行動不帶認知呢？其實這種情況很常見。

先看看現代心理治療：

——行為療法採用電擊、捆綁，還是系統減敏感法、交互抑制，不談認知。

——精神分析採用啟發式的談話，也不糾正認知。

——人本療法以來訪者為中心，更不干預來訪者的認知。

——認知療法倒是糾正認知，但受科學的限制，它僅僅質疑錯誤的認知，並不提供正確的認知。

再看看西方流行的減壓瑜伽和減壓靜坐，常見的廣告大意是為減壓而減壓，無關佛教義理。怕只怕很難奏效：想像一個貪、瞋、痴很重的人、一個對任何事都很執著的人，自然心煩意亂、自然壓力很大，他或她的壓力會因為單純瑜伽、單純靜坐消除嗎？恐怕不會。原因很簡單：這位朋友的錯誤認知仍在。

「從正見開始」，這是佛陀告訴我們的第一點大義。

● 以清靜為道

八種方法的第二部分是行為。

認知固然重要，但與其他學說相比，佛教又額外重視行為。**首先要實證**，這出於驗證佛法的需要。**其次要實修**，這出於因果報應的考慮，佛教認為修行對今生和來世都有意義，如日本學者阿部正雄所分

析：在大多數宗教中，救贖是在死後，而佛教卻強調在現世中救贖。[76]
結果我們看到，八種方法以一項認知開始，接下來五項全是行為，這種次序和比例，恰如其分地反應了它們在佛教中的地位。

具體行為包括：正思維、正語、正業、正命、正精進。它們並非胡亂出現：佛教把行為分為意、口、身三種，八種方法也以此為序排列行為。

首先是意向上的行為——正思維，即正確的意向。怎樣才算正確的意向？佛陀指出貪欲、瞋恨、傷害為惡念，我們可以推斷，反面就是正確的意向。

其次是語言上的行為——正語，即正確的言語。怎樣才算正確的言語？佛陀指出撒謊、傳話、罵人、亂講為惡習，我們可以推斷，反面就是正確的語言。

最後是身體上的行為，包括正業、正命、正精進。

所謂正業，即正確的舉止。這裡的業不是職業的業，而是業力的業。怎樣才算正確舉止？佛陀希望我們不殺生、不偷盜、不淫邪、不妄語、不飲酒。在文化多元性的今天，這幾項都有待商榷：關於不殺生，畜牧區人口以宰殺為生；關於不淫邪，現今婚戀都多種多樣了；關於不偷竊，人權組織常常指責國際巨頭們在合法地偷竊；即使不妄語和不飲酒，今天也難以絕對界定。看來關於「正確的舉止」，我們只能把判斷留給每位現代人的良知。

所謂正命，即正確的職業。這裡的命不是性命的命，而是命運的命。怎樣才算正確的職業？佛陀以有利於眾生為善、以有利於自己為善，因此只要不害人、不害己，都算正確的職業。

所謂正精進，即正確的努力。怎樣才算正確的努力？佛陀說：讓未生惡念不升起，使已生惡念摒棄，使未升善念升起，使已升善念保持。[7]可見心理上的努力就算正確的努力。

與現代心理學的行為相比，佛學行為的根本不同在於其清靜特質。

你看，正思維是清靜意，正語是清靜語，正業、正命、正精進是清靜身，加起來，它們被尊稱為「清靜道」。

至於為什麼會這樣，又由兩個細節上的不同所決定：

一是有別於現代心理學行為療法中只有行為、沒有意識，佛學行為療法始於內心、終於內心。「始於內心」指的是佛學行為第一項正思維，即意志，意志帶來了主動：煩惱抑或平靜由自己決定，非他人決定。「終於內心」指的是佛陀的邏輯一脈相承：既然前面提過「苦、集、滅、道」的目標在於平靜，那麼其中的「道」，即「八正道」的最終目標也在於平靜。追求內心平靜，決定了行為上「圖個清靜」。

二是有別於現代行為療法針對治療某種情緒——如恐懼，佛教的行為療法不針對任何情緒，甚至不指望達到任何情緒。佛教認為任何情緒，大喜大悲、小喜小悲，都符合苦的定義，毫無差別。這樣才好理解，在八種方法中，我們見不到幸福、歡笑、奮鬥、成就等字樣，唯一見到的表象是清靜。

「以清淨為道」，這是佛陀告訴我們的第二點大義。

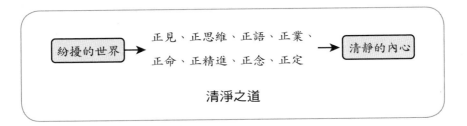

清淨之道

● 到覺悟為止

八種方法的第三部分是覺悟。

僅憑以覺悟為結尾，佛學就在提示我們：要實現平靜的目標，像心理學那樣只講認知與行為，還不夠！

不過可以理解，覺悟一詞聽著有點玄。究其原因，在認知、行為、覺悟三項中，前兩項與現代心理學對應得上，所以理性無疑；唯有最後這項與現代心理學對應不上，所以顯得可疑。更糟糕的是，各種神祕力量都宣傳覺悟，卻從不定義何為覺悟。如果我們真向某大師請教，十有八九會被「不立文字、以心傳心、教外別傳」等搪塞過去，更讓人覺得玄而又玄。

考慮到「覺悟」一詞的這種形象，本書應該避嫌才對。問題是佛陀自稱為「覺者」，我們如何能避開「覺」字呢？因此，還是決定辯護如下：即便悉達多的心理學再理性，也難免有與現代心理學不完全對應的部分吧。**覺悟就屬於這種既理性又對應不上的部分。**

為了證明這點，我們就要試著把它講清楚才行。

如何定義覺悟？

它是「覺的體驗」最後一步，即感覺、覺知、覺悟——意識從低到高過程的最後階段。

如何實現覺悟？

只有方法，沒有保障。方法就是八種方法中最後兩項：正念與正定。

所謂正念，指的是專注而覺知的狀態，雖然行、住、坐、臥不限，但一般指動態中的覺知。這裡的「正」，不是正確的意思，而是正面的意思。正念的意義在於回到當下：既然正面面對，就不會在過去、不會在未來、只會在當下。雖然世界上關於當下的口號很多，但唯有佛學提供了方法——在正念中增強覺知力。[77]

所謂正定，指的是在禪定中體悟正見的狀態，一般指靜態中的覺知。這裡的「正」不只正確的意思，還是正見的意思。正定的意義在於鞏固信念：在禪定中，正確的見解深入我們的潛意識層，從而轉化為信念。雖然世界上關於信念的口號也很多，但也唯有佛學提供了方法——在正定中增強定力。[78]

佛教經典中形容，佛陀行走在暴風雨中也很平靜，這就是正念、

正定吧。

最後，大家最關心的問題是：覺悟到了什麼？

說實話，提到體驗一百個人會有一百種體驗，而提到覺悟這種說不清的體驗，一百位佛教人士會有一百種覺悟。這就是我說它「沒有保障」的緣故。如果真要問個究竟，各位不妨這樣理解：

一方面，佛教的目標在於平靜，甚至靈魂也要歸於寂靜，因此覺悟的認知在心靈平靜。如此就好理解正念和正定對認知的幫助：回歸當下、回歸感性、回歸內心、回歸正見。

另一方面，佛教的一切源於因緣法，因此覺悟的行為在隨順因緣。如此就好理解正念和正定對行為的幫助：跨越從理論到實踐的鴻溝。

「到覺悟為止」，這是佛陀告訴我們的第三點大義。

重新審視：覺悟玄不玄？

第一，佛教中的覺悟可以透過正念與正定的方法獲得，無須神通或神力。

第二，佛教中的覺悟雖然既不是認知，也不是行為，而介於認知與行為之間，仍屬理性的範疇。

顯然覺悟不玄。不僅覺悟不玄，八種方法都不玄；不僅八正道不玄，至此講到的悉達多心理學都不玄。「不玄」說明什麼呢？**佛學與現代心理學異曲同工，僅靠理性就可以實現平靜的目標。**

這就是我們講佛學與現代心理學既不同又相通的理由，也是本書比較這兩種學說而非別的學說的緣故。

🌑 八正道不是做好事

好，以正見為始，以清靜為道，以覺悟為終，估計各位都沒爭議。但我想做一個爭議性的總結：八種方法不是做好事。

這個問題的由來是基督教、伊斯蘭教、猶太教講正義，儒家講仁

愛，道家講天然，墨家講兼愛，好像都可以算「行為療法」吧，假如從廣義上算的話，那悉達多的行為療法有何不同呢？不同就在於：**大多數政治、環保、倫理主張都強調「做好事」，而佛學是否如此值得商榷。**

首先，八種方法限制了好事的對象——給誰做好事？

從正見、正思維、正命、正語、正念、正定這些詞，我們就很容易看出：它們的主語都在個人。

這就排除了政治學。政治學是要愛社會的，像宗教、儒家和社會家們強調的那樣。但八種方法的目的不在社會：我們只能讓自己平靜，很難讓社會平靜。

這也排除了環境學。環境學是要愛自然的，就像道家和現代環保主義者強調的那樣。但八種方法的目標不在環境：我們只能讓自己平靜，很難讓自然平靜。

排除了社會與自然，也就排除了倫理學。倫理學雖然指導人做好事，但做好事總要有個對象才行吧？雖說讓自己受益也算「好事」，但實在不算常規意義的「做好事」。

預計上述已有爭議——部分佛教人士可能拍案而起：你這是「小乘」！我的確要澄清：佛教既不反對幫助他人也不反對利益社會。但同時也想澄清：在佛陀的學說中，次序有先有後。

什麼在先？個體解脫在先。所謂天下眾生，不過由你我這種個體組成，因此八種方法以個人為主體，佛教稱之為「解脫道」。

什麼在後？利益社會在後。你我自己解脫後，當然應該幫助他人解脫，就像佛陀在覺悟之後，為大眾說法四十五年那樣，佛教稱之為「菩薩道」。

為什麼不能調轉次序或同時進行呢？現代心理治療中總結出兩條經驗：一是助人能否成功取決於受助者是否願意；二是即使受助者願意，助人的成功率也低於自助的成功率。顯然，先「解脫道」、後「菩

薩道」，本來就是最合理的次序。

又有朋友可能反對：我所見的與你所說的不同！比如，佛教講布施、持戒、忍辱、精進、禪定、智慧，第一項不就是「布施」嗎？再如，社會上很多佛教團體不都以公益為先嗎？

說實話，我很認同大乘佛教的濟世情懷，更欽佩佛教社團的菩薩精神！但我們講的是悉達多心理學，不是大乘佛教。在歷史上，「解脫道」出現較早，「菩薩道」出現較晚。[79]哪種代表佛陀本人的意思呢？都能解釋得通——佛陀講的是解脫道、行的是菩薩道，本書以最接近佛陀的版本為準罷了。

如果上述還不算有爭議，那接下來就更有爭議了：佛教不僅否認了好事的對象，甚至否認了好事本身——什麼是「好事」？

比如你幫助某人，前提是幫助對某人真實吧？如果好事不實有、某人不實有、你也不實有，那「好事」意義何在？這樣看來，前面我們講「小我融入大我」，不僅按「我不存在」無法解釋，即使按「存在不實有」也不完美，因為小我不實有，那大我也同樣不實有吧。世界大同的理想雖好，但更契合於印度教的「梵我合一」及道教的「天人合一」，如果算上天堂中的「神我合一」，甚至契合於基督教、伊斯蘭教、猶太教的理念。無論哪種「合一」，先決條件都是實有，而實有，恰恰是佛陀所反對的（起碼在他有生之年）。

讀到這裡，部分佛教人士又拍案而起：你這是「頑空」！但請注意，我並沒說一切皆空，我只是在講因緣法——佛陀所講的因緣法的道理：好事也因緣和合、好事也因緣離散。怎麼能算「頑空」呢？如果效仿佛陀，我們是要以理服人的。

要以理服人，佛教只能這樣說：好事的對象在社會，受益者卻在自己，因為它讓自己解脫。說實話，這倒解釋得通：

看看布施如何驗證「無常」，既然財富無常，那誰的都一樣吧。

看看布施如何驗證「苦」，給太多一定求不得、怨憎會、愛別離吧。

看看布施如何驗證「無我」，幫助他人就忘記了自我吧。

的確，布施的過程就是解脫的過程！

雖說解釋得通，也只在一定程度，再追問又不通：如果「解脫」本身也不實有呢？那就超出本書的範圍了，我只能說，後來佛教的分化並非全無道理……不過就此打住，假設解脫仍有意義。

各位朋友，別以為我在質疑佛教，相反地我正準備為佛學作最後的陳述：**為解脫而做好事，就一定是壞事嗎？不。起碼對心理學而言，是大大的好事！**

想想看，除了佛學以外的各種宗教、各種學說，都以善為最高目標，都要求人類為善而善，這何嘗不為生命帶來巨大壓力？又何嘗不讓生命感覺渺小卑微？以至於西方存在主義學者，從齊克果（Søren Kierkegaard）到尼采、到沙特（Jean-Paul Sartre）、到羅洛·梅（Rollo May），無不為生命的無奈而吶喊！

其實早在兩千多年之前，佛陀已為此提供了出路：第一，善也存在而不實有，那也不值得執著；第二，行善不是目標而是方法，為的是實現更高的目標——生命的解脫。

這對社會意義不大，對自然意義不大，對生命卻意義重大！

第三部分

連接生命的心理學

—— 為什麼佛學能解決現代心理學解決不了的問題？

20. 有信念，有感受，才有生命

——方法上多元一些

兩種智慧好說，「誰夠誰不夠」難說。因為眾所周知，比較是會惹麻煩的事。

● 比較出真知

舉個不恰當的例子吧，一位明星在臺上很自在，兩位明星同臺就較勁，甚至雙方的粉絲都各為其主捏一把汗。我以為這就是比較出來的麻煩。

之所以列舉如此不恰當的例子，因為筆者也捏著一把汗，不是為明星，是為自己。如前言中所預警，現代心理學的愛好者可能認為本書不夠中立，佛學愛好者又可能拒絕接受本書的中立，雖說兩邊恰恰證明筆者不能更中立，但憤怒之餘仍會遷怒筆者——為何比較呢……

照理說是啊，如此麻煩的比較，意義何在？

意義就在於：我們所講的兩種智慧，並非虛無縹緲的智慧，而是理性的智慧——前一種智慧太好辦了，什麼都不說、什麼都不做就辦到了，但後一種智慧不好辦。何為理性？它以懷疑為源頭，以比較為過程。

首先，看看人類的三種基本邏輯——同一律、矛盾律、排中律，無不出自比較。

其次，看看現代心理學這邊，大師威廉・詹姆斯將比較列為現代心理學的研究方法。[1] 而現代宗教學這邊，大師麥克斯・穆勒更提出

「只懂一種宗教的人，其實什麼宗教都不懂」。[2]

那麼佛學呢？有人會說：佛教不是無分別嗎？

說實話，那是本質世界的境界，而非現象世界的境界。不信，就請教下某位「不分別」大師三個問題吧：第一，我們見小孩落水，該救還是不救？第二，我們坐下，該坐火爐上還是坐凳子上？第三，我們出門，該穿衣服還是不穿衣服？如果都「不分別」，大師仍然是大師，但世界就亂了。

並且那是佛陀之後的說法，而非佛陀時代的說法（因此又超出了本書的範疇）。還不信，請讀下佛教的原始經典《阿含經》吧：從始至終，佛陀不都在與婆羅門教、順勢派、懷疑論等外道「分別」嗎？本書以佛陀為師，既然比較出真知，那真智慧就不怕理性的檢驗！

諸位，先別為我惹麻煩的勇氣鼓掌。因為開場白通常是柔和的：在我看來，現代心理學與佛學各有所長，甚至前者的所長更明顯——**它最科學、最正統、最主流，當之無愧成為現代人解決心理問題的首選，而包括佛學在內的其他任何學說，都只能做為科學之外的補充。**

但補充絕非可有可無，甚至不補充還不行，道理很簡單：**生命不是為科學而活著，相反地，科學是為生命而存在。**之前我們提出了問題可能存在：第一，現代心理學似乎不足以解決現代人的煩惱；第二，現代心理學似乎不願意解決現代人的煩惱。之後我們證明了問題確實存在，現在需要解決問題了：第一，如何提升這種能力；第二，如何提升這種願望；前者涉及心理學的方法，後者涉及心理學的方向。

因此我準備用本書最後兩章，分別從整體方法上和整體方向上，回答本書的主題：佛學能給現代心理學提供什麼補充？或者說得尖銳些：佛學能否解決現代心理學解決不了的問題？

● 信、解、行、證

既然講整體方法，當然包括並超過我們已講的——認知與行為。讀者們會問：解決心理問題的方法，不會僅限於認知與行為吧？而心理學家會問：解決心理問題的方法，還能超過認知與行為嗎？對兩個問題的回答都是肯定的——佛學就是這麼做的，只不過我們還沒把它的方法串聯起來罷了。

佛學的整體方法，概括起來共四個字：信、解、行、證。[3]

所謂信，即信仰或信念。佛學讓人不信神力、信輪迴，就是信仰；佛教讓人諸惡莫作、諸善奉行，就是信念。

所謂解，即認知。我們講了悉達多的認知療法——破法執、破我執、破執著。

所謂行，即行為。我們講了悉達多的行為療法——八正道。

所謂證，即驗證。從感覺到覺知再到覺悟都是證悟。

回顧前面的內容，中間兩項雖是重點，但另外兩項也有提及。由此可見佛學的治療與現代心理治療最直觀的不同——數字上的不同。看看，佛學的治療包括四種方法：信仰、認知、行為、覺知。而現代心理治療少於等於兩種方法：或者認知，或者行為，或者認知加行為。

不同歸不同，有什麼好處呢？**我們猜測：佛學增加了兩種方法，也增加了兩次成功機會吧。**無獨有偶，麥克斯・穆勒將自我意識分為感性、理性、信仰三種功能。[4]現代心理學覆蓋了中間一種，似乎遺漏了前後兩種。

不過有人質疑：未必。首先，新的方法未必有用；其次，如果確實有用，為何沒被現代心理學採納呢？讓我們看看這兩種「可疑」的方法：信與證。

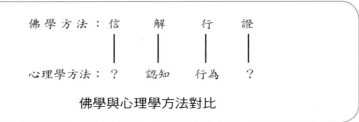

佛學與心理學方法對比

● 給宗教一點空間

信，首先是信仰的信。

信仰起源於神祕，表現為宗教，可以說：神祕、宗教、信仰三者，密不可分。

《聖經》中有這樣一句話：信是所望之事的實底，是未見之事的確據。[5] 從理性的眼光看，時間上不在當下的、空間上接觸不到的都值得懷疑，但信仰要我們都確信為實。於是現代人常常視為荒謬。好在荒謬到一定程度，反而成就其偉大，就像基督教歷史上特土良（Tertullian）神父論證上帝存在的名言：「因為荒謬，所以我相信。」這正是理性所沒有的魅力。

且慢，我們不是一直強調理性嗎？當介紹佛學的時候，不是說拋開宗教嗎？是的，之前是之前，現在是現在——之前拋開宗教，為的是看清理性；現在看清之後，還要把宗教找回。

並且以理性的名義。

如果我們足夠理性，就會承認人類知識的侷限。由此想到羅素，這位曾經寫過巨著《邏輯原理》的大師，如此描寫生命的神祕：當青春已逝，有必要感到自己是來日無多的個體，是生命溪水的一部分，從源頭流向遙遠而未知的未來。

如果我們足夠理性，也會包容自己抗拒的內容。由此想到伏爾泰，這位啟蒙運動的開拓者一生反對教會，卻從不反對宗教。他說：理性

的真正勝利，在於我們能夠與非理性的人共處。

因為本書的讀者足夠理性，我們才能審視宗教對心理學的作用。

宗教雖然不是現代心理學的一部分，卻原本是廣義心理學的一部分。我們的祖先早就發現，與理性相比，非理性才是直通心靈的捷徑。首先是禱告，其次是經文。受科學教育長大的一代往往認為「多幼稚啊」，其實不然。

禱告和經文都很符合現代心理學的原理。禱告有助於改善潛意識。比如《聖經》中說：「應當一無掛慮，只要凡事藉著禱告、祈求和感謝，將你們所要的告訴神。」基督教要求冥想般地禱告，佛教要求信徒每日念佛，伊斯蘭教要求信徒每日五次禮拜，都有加強潛意識的效果。而經文則有助於改善習慣，背誦經文、查閱經文、朗讀經文、執行經文，都無形中糾正著習慣。

進入科學時代，宗教的作用仍然被很多心理學家認可。比如榮格認可佛教，他用佛學的語言說：「人無法因所想的東西而解脫他的痛苦，只有憑藉比他更偉大的睿智。唯有如此，他才能超越苦。」當然榮格也推崇基督教，他認為天主教會堅持嚴格的懺悔制度產生了類似心理諮詢的作用，可謂世界上最大的心理諮詢機構。

宗教雖然有益，卻被現代心理學排斥在外，為什麼呢？因為不符合科學的定義。結果從盲目信仰的極端走向毫無信仰的極端。心理學家佛洛姆批評道：過去的反宗教奮鬥，是為了解脫精神上的枷鎖，這是一種反對不合理信仰的奮鬥，是對人類理性信仰的表現，相信人類能建立一個自由、平等、博愛原則引導的社會。今日的缺乏信仰，是極度混亂與絕望的表現。[6]

好在情況可以改變：只要取消科學的定義，現代心理學就可以重新接納宗教。我認為這將是一種雙贏的局面。何謂雙贏？

一方面，**現代心理學需要信仰，因為它的根源——人類需要信仰**。

有了信仰，很多事情才好解釋。比如，現代物理學家宣稱宇宙是

大爆炸的產物，沒錯，但大爆炸本身從何而來？如果之前還有更多小爆炸的話，小爆炸又從何而來？又如，心理學家宣稱進化論已經否定了創世論，沒錯，但生命的第一次飛躍從何而來？人類的第一次意識又從何而來？如此追溯下去，必然得出牛頓曾經得出結論：科學固然可以解釋自然，卻無法解釋創造自然的原動力。

有了信仰，社會道德才好實現。俄國小說家杜斯妥也夫斯基（Fyodor Dostoyevsky）說：「如果沒有上帝，一切都可為。」但那樣一來，人類將無敬畏，善惡將無區別。這句話不如反過來講：因為有信仰，壞事才不可為。

有了信仰，心理學才好治療。心理學家布里爾（Abraham A. Brill）博士說得好：「一個真正有信仰的人不會患精神病。」

另一方面，**現代宗教也需要理性，因為它的根源——造物主創造了人的理性。**

站在宗教的角度，我們不妨這樣理解：上帝造人，不是為了讓人類崇拜，而是為了讓人類選擇。雖說自我選擇不可避免帶來懷疑，世界上沒有哪門宗教喜歡懷疑，但唯有如此，才能彰顯造物主賦予人類理性的本意吧。

更重要的是，我們根本不必二選一。諸如牛頓、愛迪生、愛因斯坦等眾多科學巨匠都是虔誠信徒。牛頓說：「科學與上帝偉大的創造相比，不過如一個孩子在大海邊偶然撿到一片美麗貝殼而已。」愛迪生說：「假如我否定上帝的存在，我就等於褻瀆我的知識。」愛因斯坦說：「沒有宗教的科學是跛子，沒有科學的宗教是瞎子。」我不是說信仰上帝才能成為科學家，只是說不矛盾——請給信仰一些空間。

🔘 給道德一點空間

除了信仰的信，還有信念的信。

區別何在？簡單地說，信仰帶有神祕，一般被稱為宗教；信念沒有神祕，一般被稱為道德。

做為哲學的一部分，道德不像宗教那樣神祕，也不像科學那樣嚴謹。舉例來說，佛教中的「諸惡莫作、諸善奉行」就談不上神學或科學——雖然理性，卻無法實證，因此只好要求各位「有信念」。類似地，大多數正義感和價值觀都屬於這種情況。

自古以來，道德就是廣義心理學的一部分，不僅因為理性，更因為有益。積極的效果無須多言，社會正義鼓舞過仁人志士為之獻身。但如果缺乏道德，負面的效果更需警惕，古有《三字經》云：人不學、不知義，今有心理學家威廉‧詹姆斯寫道：把應該做好的理由堅持著念念不忘，把我們想走更繁華路程的念頭遏絕，把我們的腳毫不退縮地踏進更費力的途徑——這些是道德能力的特徵。[7]

既理性又有益，道德卻也被現代心理學排斥在外，為什麼呢？同樣因為不夠科學。在這點上科學家們並沒弄錯：道德完全不客觀，更談不上準確、普遍、可控的客觀。因此，儘管你預期現代心理學給你指導，但現代心理學家千方百計地拒絕給你道德指導，即使以認知命名的「認知療法」，提供的認知也非常有限，因為**中立才是科學應有的態度！**

「價值中立原則」被現代心理學界奉為聖經。奇怪的是，連人本心理學家都隨聲附和，卻無法解釋**「以人為本」恰恰是一種正確而不中立的價值！**

情況同樣可以改變：**只要取消科學的定義，現代心理學就可以重新接納道德。**有人會問：心理學已經有了認知，還需要道德嗎？我認為需要。原因在於知識無法替代道德對潛意識的作用。比如我們要找仁、義、禮、智、信的道理，還真不如讀《三國演義》、《西遊記》、《水滸傳》、《紅樓夢》更可靠些。我不想把四大名著改編為心理學的教材，只想說，根本不用改編，它們本來就是心理學——請給道德一

些空間。

● 給感覺一些空間

除了「信」，還有「證」，即覺知。

我們前面簡單提到，覺知是身心連接的關鍵——「覺」連接身體、「知」連接心靈——但意義何在？

首先，身心連接讓人更健康，生理上讓身體更健康，心理上讓心靈更健康。自古以來，東西方都認為這一目標很重要，只不過比較而言，西方強調理論，東方則強調方法。佛家講覺知、道家講養生，都在尋求實修的方法。

其次，身心連接還讓人更感性。對現代人來講不太好的消息是，各項身心的機能都在退化；而好的消息是，動物般的感性特質始終在我們體內，等待覺知重啟。

更感性與更健康，都是為了回歸生命的本性。聽起來是不是有些誇張呢？其實像筆者這般理性的人是很難誇張的。我只想說：**生命有理性與感性的兩面，無論偏離了哪一面，都將失去平衡。**

這也是心理學家羅傑斯一直追問的問題：如何成為完整的人？因此毫不奇怪，他痛批現有的體系：透過割裂思想與感覺——思想是被認可的，感覺被認為是動物性的——而導致可怕的非人性化。[8]

羅傑斯提出的問題無法被現代心理學回答（也無法被他本人回答），原因在於感覺並不科學。別誤解，現代心理學中有測量感覺，但那與覺知練習是兩碼事。前者目的在於科學研究，後者目的在於身心健康。如果你問：現代心理學不需要感性的力量嗎？說實話真不需要，**只要現代心理學是科學的，它就不需要是感性的！**

同樣只要取消科學的定義，現代心理學就可以接納覺知，從而把佛學實修的方法改造為心理健康的流程，甚至改造得更現代、更系統、

更標準。我不想向心理學家強行推薦來自東方的方法，只希望給覺知一些空間。由於覺知開始於感覺，也不妨說：請給感覺一些空間。

總結佛學的整體方法：

第一，在「信」上，**請給宗教、道德一些空間。**

第二，在「證」上，**請給感覺一些空間。**

第三，在「解」上，**請給虛無一些空間。**

第四，在「行」上，**請給清靜一些空間。**

看來，佛學能給現代心理學的第一點補充就是：方法上，更多元一些。而要做到這點，就要先修改現代心理學的定義！

關於「佛學為什麼能解決現代心理學不能解決的問題」，我們找到了部分答案，還不是全部答案。

21. 吾愛吾師，尤愛他對生命的專注

—— 佛學的魅力與限制

除了從方法上找原因，還要從方向上找原因。照理說在大方向上，兩者並無不同：佛學是生命的學說，現代心理學何嘗不也是生命的學說？但這僅僅說明，我們還要從小角度看才成。

🔘 專注於解決問題

首先，佛學更專注於解決問題。

想想是不是這樣：佛陀的學說圍繞著解決生命的問題。佛教也好，佛學也好，都以此為主線；理論也好，實踐也好，同樣以此為主線。

反面的情況是什麼呢？只測量問題、描述問題、討論問題，就不解決問題——或者毫無意願，或者不計結果。如果不在這裡而在大街上問路人這個問題，一定會被反問：「有這種情況嗎？」事實上，這正是現代心理學已經變成的情況。

看看學院心理學家們的工作吧：他們測量問題，從一個實驗開始，到下一個更離奇的實驗，測量得精益求精；他們描述問題，從統計開始，到解讀統計的數字，描述得鉅細靡遺；他們討論問題，從自己的數據開始，到批評別人的數據，討論得頭頭是道。都以科學的名義。

關於這門科學的目標，心理學家菲利普・津巴多（Philip G. Zimbardo）與理查德・格里格（Richard J. Gerrig）寫道：心理學家從事基礎研究的（前四個）目標是描述、解釋、測量和控制行為。應用心理學還有第五個目標——提高人類的生活品質。[9]

　　兩位學者在心理學界既權威又中立，但正因為他們既權威又中立，請注意令人困惑的現狀：「第五個目標」不應該成為「第一個目標」才對嗎？我以為：**現代心理學顛倒了研究與應用的次序。**

　　這麼說，有幾點理由：

　　有人說，基礎研究對心理學有用。對此我完全理解，沒有畢達哥拉斯的數學，就不會有現代科學；沒有牛頓的定律，就不會有工業革命；沒有愛因斯坦的相對論，就不會有原子彈；很多實用的心理治療方法也來自心理學研究。但別忘了，科學不過是人類征服自然的工具，如果工具變成了目的，那就本末倒置了。

　　也有人說，以基礎研究為主、以應用為輔並非現代心理學所特有。對此我也理解：數學、物理、化學、生物學不都以基礎研究為核心嗎？為何要單單指責心理學呢？但問題是，人們對不同學科的預期不同：與哲學、數學等基礎理論相比，人們預期心理學應該證明自己的實際用途——這並非我的觀點，而是一百多年前美國功能心理學創始人約翰・杜威的觀點。

　　還有人說，基礎研究起碼無害吧。照理說測量問題、描述問題、討論問題不應該影響解決問題，但對心理學來說還真難講：由於占據著科學的制高點，基礎研究不僅降低了對心理治療的專注，還限制著心理治療的方法。如果我們僅僅限制前者為科學，沒問題；但如果我們限制後者為科學，就很有問題。

　　其實現代心理學中不以應用為主導，還只是第一層不專注；即使在處於從屬地位的應用中，心理治療仍不主導，才是第二層不專注。 看看商業心理學、法庭心理學、工業心理學、教育心理學、競賽心理學、軍事心理學……**對比悉達多的心理學，只有一種應用：滅苦。**

　　話說回來，不專注於解決問題，非現代心理學特有的減分——所有科學都以發現自然規律為目標，都以測量問題、描述問題、討論問題為方法。而專注於解決問題，非佛學特有的加分——任何能夠流傳

下來的古老學說，都必然以解決問題為目的。但這一加一減，已經讓兩者分道揚鑣了。

專注於生命的負面

在要解決的生命問題中，佛教尤其關注生命的負面。

想想是不是這樣：苦是它的核心，空是它的方法，解脫是它的目標。西方思想家常常批評說：佛教講苦是負面的，佛教講空是虛無的，佛教講解脫是消極的。而佛教人士則辯解說：苦是事實，空不虛無，佛教很積極。

我認為：這種批評沒必要，這種辯解很乏力。**事實是：佛學就是苦的、空的、解脫的！但它們不是佛學的缺點，恰恰是佛學的優點；除了佛學，世界上還沒有哪一門學說，如此專注於生命的負面！**

現代心理學不也關注人生命的負面嗎？比如心理治療中的心理問題就是人生的負面。但這種關注遠遠稱不上專注。

只要隨手翻開最新一期心理學雜誌，各位就會發現：現代心理學家們關心的內容既無關生命的正面，也無關生命的負面，占最大比例的是心理學實驗：實驗資料、實驗分析、實驗對比。即便找到相關的話題，最新的趨勢還更傾向於生命的正面，因為在現代心理學中，有一門快速興起的分支稱為「積極心理學」。

顧名思義，積極心理學強調人生積極的一面。在理論上，它有似乎合理的說法：大部分人的大部分人生是健康的而非痛苦的，因此關注心理健康比關注心理治療更重要。

在方法上，它有難以抗拒的誘惑：測量它比測量心理治療容易。原因是人在積極時本來就比人在消極時好打交道：積極時，被實驗者願意回答、並且回答可信；消極時，被實驗者或者不願回答，或者回答可疑。如此與心理治療對比，積極心理學就宣稱自己提升了測量的

準確性和科學性。

積極心理學的代表人物——曾任美國心理學會主席的馬丁‧塞利格曼（Martin E.P. Seligman）總結道：心理治療讓心理學偏離了其歷史使命，即對正常人生活的豐富和完滿，以及對天才的發現和培養。[10]

塞利格曼是我十分敬重的心理學家，但在這個問題上，我與主席的「使命感」完全相反。**我認為，積極心理學讓現代心理學偏離了心理治療，等於把原先的「沒有方向」，引向了錯誤方向。**

我敢這麼說，也有幾點理由：

——相較人生的正面，人生的負面更需關注。前者無所謂危機，不過是錦上添花；後者是人生的危機，無異於雪中送炭。哪個更重要呢？當然雪中送炭更重要！這才是現代心理學表明意願之時。

——相較人生的正面，人生的負面更難解決。如果回憶一下各位的親身經歷：是開心變更開心難？還是憂鬱變開心難，大多數人都切身體會到後者更難。原因在於：開心的時候思維放鬆，我們容易更放鬆；而憂鬱的時候思維緊張，我們容易更緊張。這才是現代心理學證明能力之時。

——最後人生的負面解決了，自然會帶來人生的正面。為什麼呢？一個不為心理束縛所困的人，自然會選擇一種個人成長之路，實現一種最美好的生活——這並非我的觀點，而是積極心理學的前身、人本心理學的基本觀點。[11]

至於積極心理學提高了測量的準確性，那有關方法，無關方向，方法不能取代方向。更何況那是描述問題、分析問題的方法，不是解決問題的方法。事實也證明如此：當上個世紀末積極心理學興起的時候，它畫出了一張快樂的「大餅」。但二十年過去了，回顧進展，積極心理學家們仍在走測量、描述、分析的老路，真正解決的問題少而又少。說怪也不怪：立足於「多看正面、少看負面」的它，本來就沒有真正需要解決的問題！

　　話說回來，生命是一個連續的過程，因此它的正負兩面，更像正負兩段。假若用正數、零、負數分別代表積極、平靜、消極，我想說的是：**從零向正容易，從負向零很難，在從零向正之前，請先專注於從負向零！**

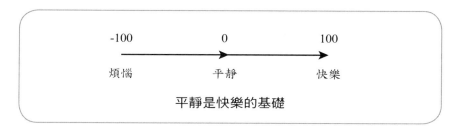

-100　　　　　　　　　0　　　　　　　　　100

煩惱　　　　　　　　平靜　　　　　　　　快樂

平靜是快樂的基礎

🔘 專注於生命的個體

　　在要解決的生命問題中，佛教還格外關注生命的個體。

　　回想一下是不是這樣：佛陀講無常，從個體生命的「五蘊」開始；佛陀講苦，從個體生命的苦開始；佛陀講「無我」，從個體生命的無我開始。請注意，「無我」不表示不存在個體，只表示不存在單一、不變、主宰的個體。事實上，佛教如此激烈討論「我」與「無我」，正因為它格外關注每一生命個體。

　　那其他宗教或哲學呢？它們雖然也關懷生命，卻更多關懷社會層次的生命；即使到生命的負面，它們也更關心社會層面的負面，而不屑談論個人的「小事」。比如我們中國諸子百家都講天下大治，連老子也講「無為而治」；西方宗教更如此，全人類犯下的罪，要由全社會集體承擔。

　　那現代心理學呢？與佛學一樣，現代心理學也關注於個人。看看，心理治療中多用一對一諮詢，少見集體諮詢，原因很簡單：每個人的心理問題都不同。我可以自豪地講：**在所有學說中，現代心理學與佛學可為最關注個體生命的兩種！**

不過，在兩個最關注之間，現代心理學又稍顯不夠專注。我們知道，現代心理學中既有個體心理學，也有社會心理學：前者研究個人心理與行為，後者研究集體心理與行為。隨著社會心理學的興起，心理醫師們開始強調家庭和文化的作用。

心理學家大衛·邁爾斯（David Miles）描述道：心理學家愈來愈接受這樣一個觀點：社會影響——一個人影響另一個人——是治療的核心。[12]邁爾斯也是我十分敬重的心理學家，我同意他的描述，前提是：**不要本末倒置。**

什麼是「本」？我當然希望心理學以個人為本。因為煩惱在本質上是孤獨的，周圍人再鼓勵、再安慰、再同情，都無法為己分憂。如眾星捧月中官員、明星、巨富突發心理問題的情況，我們見到的還少嗎？顯然，環境只是外因，個人才是內因。

那什麼是「末」？社會。我不反對現代心理學關心社會，但我覺得一門學說對社會的態度，要看它出於怎樣的目的。如果這門學說目的在於領導革命、反抗暴政、組織動員，那需要強大的社會感召力，在這方面，基督教、伊斯蘭教、儒家做得很好。相反地，我們從未發現佛教或心理學有過類似的作用。為什麼呢？**一門心靈學說的主體，必定在於個人。**

🌐 佛學的魅力

總結一下整體方向的不同：

相較而言，現代心理學方向更廣，有人說它很包容，但我說它很分散。

相較而言，佛學的方向更窄，有人說它很狹隘，但我說它很專注。

看來，佛學能給現代心理學的第二點補充是：方向上，更專注一些。而要做到這點，也要先修改現代心理學的定義！

亞里斯多德曾說「吾愛吾師，吾更愛真理」，表示自己尊重老師卻與老師觀點不同。今天我們以佛陀為師，觀點並無不同，因此我把這句話改為：吾愛吾師，尤愛他對生命的專注！

既專注於生命的問題，又能解決生命的問題——這是「佛學為什麼能解決現代心理學解決不了的問題」的原因，也是悉達多心理學的魅力所在。

🌑 佛學的限制

我們領略了佛學的魅力，為了公平起見，也提及了佛學的限制。

請學佛的朋友別緊張。以世俗的眼光來看，佛學的魅力必然帶來佛學的限制：

首先，佛學適合個人，因此，反過來它相對不鼓勵改變社會。證據是：在歷史上從沒有過佛教推翻暴政的紀錄。

其次，佛教適合平靜，因此，反過來它相對不鼓勵奮進。證據是：各位讀佛經，讀不出基督教、伊斯蘭教、儒家那種催人向上的力量。

最後，佛教適合和平，因此，反過來它相對經不起戰爭。證據是：佛教在印度最終滅亡，以及在中國四次「滅佛」中，均奄奄一息。

好在限制是否生效，要看限制條件是否成立。而今天，正是限制條件均不成立的情況。看看我們所處的這個時代吧：這不正是一個強調個人的時代、一個需要平靜的時代、一個長期和平的時代嗎？

沒錯，悉達多的心理學，正好適合這個時代！

注釋

　　說明：我們認為包括本書在內的所有智慧財產權都應該得到尊重和承認，因此盡可能地注明了所有引用出處。如果有所遺漏，請電郵出版社，我們將核實後於再版時補充。

第一部分　對現代心理學說「不夠」

1. 《現代心理學史》（*Modern Psychology: a History*），p181-182，舒爾茨著，葉浩生、楊文登譯，中國輕工業出版社，2015。

2. 見《阿含經》，原文是「五受陰是苦」，即生命是苦，後人引申為「人生是苦」。

3. 《DSM-5》，美國精神醫學學會，張道龍等譯，北京大學出版社，北京大學醫學出版社，2014。

4. 《改變心理學的四十項研究》（*Forty Studies that Changed Psychology: Explorations into the History of Psychological Research*），p265，羅傑‧霍克著，白學軍等譯，人民郵電出版社，2015。

5. 《健全的社會》（*The Sane Society*），p14-15，佛洛姆著，孫愷祥譯，上海譯文出版社，2011。

6. 《精神分析引論》（*Introductory Lectures on Psycho-Analysis*），p288，佛洛伊德著，周麗譯，武漢出版社，2014。

7. 《DK心理學百科》（*The Psychology Book DK*），p244-245，英國DK出版社著，徐玥譯，電子工業出版社，2014。

8. 《動機與人格》（*Motivation and Personality*，第三版），p141-158，馬斯洛著，許金生等譯，中國人民大學出版社，2007。

9. 《DK心理學百科》，p151，英國DK出版社著，徐玥譯，電子工業出版社，2014。

10. 同上 p321。

11. 《自我的追尋》（*Man for Himself: An Inquiry into the Psychology of Ethics*），p2，佛洛姆著，孫石譯，上海譯文出版社，2013。

12. 《迪爾凱姆論社會分工與團結》（*De la division du travail social*），埃米爾‧涂爾幹著，石磊譯，中國商業出版社，2016。

13. 不太確定出處，如引用有誤再另行更正。

14. 《宗教的起源與發展》（*Lectures on Origin and Growth of Religion*），穆勒著，

金澤譯，陳觀勝校，上海人民出版社，2010。

15. 《DK 心理學百科》，p36，英國 DK 出版社著，徐玥譯，電子工業出版社，2014。

16. Watson, *Psychology as the behaviorist views it*, Psychological Review.

17. 《津巴多普通心理學》（*Psychology: the Core Concepts*）目錄，王佳藝譯，中國人民大學出版社，2008。

18. http://www.apa.org/about/division/index.aspx

19. 積極心理學，代表人物是塞利格曼。

20. 社會心理學，代表人物是佛洛姆。

21. 《單向度的人：發達工業社會意識形態研究》（*One Dimensional Man: Studies in the Ideology of Advanced Industrial Society*），赫伯特・瑪爾庫塞，上海譯文出版社，2006。

22. 鑑於尼采有時被稱為非理性主義，說明如下：首先非理性主義本身就是理性主義運動的一部分，兩者都是否定宗教的產物；其次具體到尼采，他的「重估一切價值」是上承理性主義、下接非理性主義的轉折。

23. 現代心理學有宗教心理學的分支，但只研究宗教的現象，不涉及宗教的內容—這屬於現代宗教學或者現代哲學的範疇。因此確切地講是，宗教的內容被從心理學中分離了出去。

24. 《心理學史》（*History of Psychology*），p115-117，大衛・霍瑟薩爾，郭本禹等譯，人民郵電出版社，2011。

25. 《尋找靈魂的現代人》，榮格著，黃奇銘譯，上海譯文出版社，2013。

26. 德國哲學家胡塞爾曾經從一定程度解釋過這個問題，即合併認識的主體與客體到「意向性」。但一是胡塞爾晚於馮特，二是胡塞爾的理論不具備操作性，「意向性」更難觀察、也更不科學。見《歐洲科學的危機與超越輪的現象學》，胡塞爾著，王炳文譯，商務出版社，2012。

27. 《心理學原理》（*The Principles of Psychology*），p55，詹姆斯著，唐鉞譯，北京大學出版社，2013。

28. 現代心理學仍有道德心理學的分支，但只研究道德的現象，不涉及道德的內容，更不涉及道德的判斷。因此確切地講，道德的內容被從心理學中分離了出去。

29. 《行為主義》（*Behaviorism*），p258，華生著，李維譯，北京大學出版社，2012。

30. 同上，p83。

31. Psychology as the Behaviorist Views It, p158, *Psychological Review*, 1913.

32. 《現代心理學史》，p304，舒爾茨著，葉浩生、楊文登譯，中國輕工業出版社，2015。

33. 《佛洛伊德及其後繼者》（*Freud and Beyond: A History of Modern Psychoanalytic Thought*），p10，斯蒂芬・米切爾、瑪格麗特、布萊克合著，陳址妍、黃崢、沈東鬱譯，商務印書館，2015。

34. 《夢的解析》（*Die Traumdeutung*），p369，佛洛伊德著，花火譯，中國華僑出版社，2013。

35. 《性學三論》（*Drei Abhandlungen zur Sexualtheorie*），p53-64，佛洛伊德著，賈寧譯，譯林出版社，2015。

36. 同上，p13。

37. 《精神分析引論》，p176-185，佛洛伊德著，周麗譯，武漢出版社，2014。

38. 《心理學》，p399，葉重新著，心理出版社股份有限公司，2014。

39. 《人類的破壞性剖析》（*The Anatomy of Human Destructiveness*），p33-34，佛洛姆著，李穆譯，世界圖書出版公司，2014。

40. 《健全的社會》，p21，佛洛姆著，孫愷祥譯，上海譯文出版社，2011。

41. 《動機與人格》（第三版），p180，馬斯洛著，許金生等譯，中國人民大學出版社，2007。

42. 《當事人中心治療》（*Client-Centered Therapy It's Current Practice, Implications and Theory*），p426，羅傑斯著，李孟潮、李迎潮譯，中國人民大學出版社，2004。

43. 《論人的成長》（*A Way of Being*），p91，羅傑斯著，石孟磊等譯，世界圖書出版公司，2015。

44. 《健全的社會》，p137，佛洛姆著，孫愷祥譯，上海譯文出版社，2011。

45. 《DK 心理學百科》，p164，英國 DK 出版社著，徐玥譯，電子工業出版社，2014。

46. 《行為主義》，p7，華生著，李維譯，北京大學出版社，2012。

47. 以下部分重述本人所著《當勵志不再有效——自我平靜的五步鍛煉》，p20，九州出版社，2015。

48. 《克服心理阻抗》（*Overcoming Resistance:A Rational Emotive Behavior Therapy Integrated Approach*），p14，艾爾伯特・艾理斯著，盧靜芬譯，化學工業出版社，2011。

49. 《對偽心理學說「不」》（*How to think straight about psychology*），p224，基斯・斯坦諾維奇著，竇東輝、劉肖岑譯，人民郵電出版社，2012。

50. 同上，前言。

51. 同上，p224。

52. 《無盡的探索》（*Unended* Quest），p37-39，波普爾著，趙月瑟譯，中央編譯出版社，2009；《猜想與反駁》，p45，卡爾・波普爾著，傅季重、紀樹立、周昌忠譯，中國美術學院出版社，2003。

53. 《無盡的探索》，p194-208，第 37 章〈作為一種形而上學綱領的達爾文主義〉波普爾著，趙月瑟譯，中央編譯出版社，2009。說明：波普爾對進化論的看法曾有反覆，但並不在可以證偽問題上。

54. 以上三點，自古希臘時代即為智者學派的假說，到近代哲學已為哲學界的共識，但從來沒有像科學家們證明得這般徹底。

55. 參考《哲學的改造》（*Reconstruction in Philosophy*），杜威著，許崇清譯，商務印書館，1958。

56. 庫恩反對相對主義的標籤，但科學共同體的評議從本質上講必然是變化的、多元的、非客觀的，一句話：相對的。另外庫恩也反對「主觀主義」的標籤，但他僅僅反對隨意的主觀，並未否定科學共同體的主觀。參考《科學革命的結構》，湯瑪斯・庫恩著，金吾倫、胡新和譯，北京大學出版社，2003。

57. 《猜想與反駁》（*conjectures and refutations*），p47-46，卡爾・波普爾著，傅季重、紀樹立、周昌忠譯，中國美術學院出版社，2003。說明：波普爾在原文中稱佛洛伊德及阿德勒的學說為「偽科學」（pseudo-science），但如前所述，我們最好慎用「偽」字，因此此處改用「不科學」及「非科學」的描述。

58. http://www.nobelprize.org/nomination/archive/show_people.php?id=3209

59. 在認知實驗中，認知所表現出來的現象是可以證實、證偽的，但其基本假設——意識存在，更不用提資訊處理——是難以被嚴格證實、被嚴格證偽的。

60. 《DK 心理學百科》，p36，英國 DK 出版社著，徐玥譯，電子工業出版社，2014。

61. *The Principle of Psychology*, p1.1890，第一段、第一句話就是 "Psychology is science of mental life, both its phenomena and of their conditions." 不知何故被中文版刪除。

62. Watson, Psychology as the behaviorist views it, *Psychological Review*.

63. 《動機與人格》（第三版），p189，馬斯洛著，許金生等譯，中國人民大學出版社，2007。

第二部分　悉達多的心理學

1. 西元前 467 年為說一切有部的記載，西元前 511 年為清辯的說法，西元前 569 年為南傳赤銅業部的記載。

2. 身毛腐爛，另有辦法。

3. 《中阿含經》56 經。

4. 《雜阿含經》809 經。

5. 《南傳長部》16 經。

6. 《佛教》，p20，阿部正雄著，張志強譯，麥田出版，2003。

7. http://censusindia.gov.in/Census_And_You/religion.aspx

8. 近代如太虛大師，印順導師均持此觀點。

9. 雖說闡述佛陀生命學說的觀點時有見到，但好像最早以此為專題的是美國的佛教學者傅偉勳教授。

10. 《宗教經驗種種》（*The Varieties of Religious Experience*），p23，威廉・詹姆斯著，尚建新譯，華夏出版社，2012。

11. 佛有壽命的說法，見《地藏經》中「時有佛，名為覺華定自在王如來，彼佛壽命四百千萬億阿僧祇劫。」佛無壽命的說法，見《佛說不增不減經》，後人一般解釋為應身有限、法身無限。

12. 畢達哥拉斯及尼采信輪迴這哲學史上均有記載。而羅傑斯信輪迴的依據見《論人的成長》，p71，羅傑斯著，石孟磊等譯，世界圖書出版社，2015。

13. 《南傳長部》16 經。

14. 《南傳長部》11 經。

15. 《聖經・新約・路加福音》（20:20-26）。

16. 《南傳長部》16 經。

17. 「元素」一詞，參考《小乘佛學》，p55，舍爾巴茨基著，宋立道譯，中國社會科學出版社，2009。

18. 有人說康德回答了休謨的問題，那是按照康德的邏輯；而按照休謨的邏輯，問題仍然沒有被回答。

19. 《佛教》，p147，阿部正雄著，張志強譯，麥田出版，2003。

20. 《南傳中部》38 經。

21. 《大智度論》三十一、《俱舍論》十九。

22. 《西方哲學史》，羅素，何兆武、李約瑟譯，商務印書館，2015。

23. 《南傳增支部》202 經。

24. 《南傳小部》法句經十二，自己品，158 經。

25. 《南傳中部》63 經。

26. 《南傳中部》63 經。

27. 佛教文獻最早是巴利語，但巴利語先被翻譯為梵文，再傳到中國形成了漢傳的佛教文獻。

28. 《南傳相應部》38 經，第四十四。

29. 《雜阿含經》第 9 經，原文是「無常即苦」。

30. 同上 257 經。

31. 同上 139 經。

32. 同上 298 經。

33. *What Buddha taught*, Chapter 2, Walpola Rahula, Oxford 1997.

34. 同上 284 經。

35. 本書僅涉及佛教的義理，因此歷史上的語言是否如此，請語言學家另行考據。

36. 同13-1。漢傳經典或者來自梵文，或者來自梵文轉譯後的西域文字。

37. 「惑業苦」出自佛陀在《阿含經》中關於十二緣起的論述，後被《唯識論》二十八總結為「生死相續由惑業苦」。

38. 《南傳相應部》38。

39. 《南傳經集》大品十二章。此處把涅槃翻譯為平靜。

40. 《南傳經集》大品十二章。

41. 《法句經》幸福品。

42. 《雜阿含經》1478。

43. 《南傳增支部》203。

44. 《那先比丘經》王初見那先。

45. 《雜阿含經》33，古語為「五受陰」。

46. 《佛藏經》第四品。

47. 自性的三點定義參考《妙雲集》，印順，正聞出版社，2014。該書定義自性為單一、不變、實有；而本書定義自性為單一、不變、主宰，再統稱三者為「實有」。

48. 《雜阿含經》卷十，262經。

49. 《心理學原理》，p150，詹姆斯著，唐鉞譯，北京大學出版社，2013。

50. 《南傳相應部》36。

51. 參考：《印度之佛教》，印順法師佛學著作全集，印順著，中華書局，2004。

52. 《季羨林談佛》，p73，季羨林，武漢出版社，2014。

53. 《南傳相應部》44經。

54. 《南傳相應部》44經，第九。

55. 即使有我也無用。

56. 《從比較觀點看佛教》，p107，中村元著，香光書鄉編譯組譯，香光書鄉出版社，2003。

57. 《小乘佛學》，P51，舍爾巴茨基著，宋立道譯，中國社會科學出版社，1994。

58. 《從比較觀點看佛教》，p107，中村元著，香光書鄉編譯組譯，香光書鄉出版社，2003。

59. 《佛說三世因果經》。

60. 《大寶積經》。

61. 《南傳小部》小誦經、伏藏經。

62. 《南傳相應部》55。

63. 《雜阿含經》273。

64. 《雜阿含經》10，佛陀原文是「苦故非我」。

65. 《南傳增支部》IV，193經。

66. 《南傳相應部》22經。

67. 《南傳相應部》35。

68.《中論》，p14b，大正冊 30。

69.《南傳經集》大品十二。

70.《南傳經集》大品十二。

71.《長阿含經》13 經。

72.《佛教的本質及其發展》，p8，孔滋著，胡國堅譯，貴州大學出版社，2013。

73.《南傳相應部》十。

74.《中阿含經》180 經。

75.《雜阿含經》42 經。

76.《佛教》，p37，阿部正雄著，張志強譯，麥田出版，2003。

77.《當勵志不再有效》，p254-278，金木水著，九州出版社，2015。

78. 同上，p223-253。

79. 佛教的原始經典中，以解脫為主，但也含有菩薩的內容。但佛教早期強調前者，
    晚期強調後者是歷史的事實，並不意味著否定後者。

第三部分　連接生命的心理學

1.《心理學原理》，p25，詹姆斯著，唐鉞譯，北京大學出版社，2013。

2.《宗教的起源於發展》，p2，穆勒著，金澤譯，陳觀勝校，上海人民出版社，
   2010。

3.《華嚴經》中提出的四種修行方法。

4.《宗教的起源於發展》，p15，穆勒著，金澤譯，陳觀勝校，上海人民出版社，
   2010。

5.《聖經》希伯來書 11：1。

6.《自我的追尋》，p171，佛洛姆著，孫石譯，上海譯文出版社，2013。

7.《心理學原理》，p83，詹姆斯著，唐鉞譯，北京大學出版社，2013。

8.《論人的成長》，p188-191，羅傑斯著，石孟磊譯，世界圖書出版社，2015，
   此處將譯文中的感受「改動為「感覺」，因為該書該章節之前用的是「感覺」，
   因此以為「感覺」更貼切。

9.《心理學與生活》（*Psychology and Life*），p4，格里格、津巴多著，王壘、王甦
   譯，人民郵電出版社，2013。

10. *Authentic Happiness*, p19, New York:Free Press, 2002，未見於中譯版。

11.《個人形成論》，p181，羅傑斯著，楊廣學、尤娜、潘福勤譯，中國人民大學
    出版社，2004。

12.《社會心理學》（*Social* Psychology），p437，大衛·邁爾斯著，張智勇、樂國安、
    侯玉波等譯，人民郵電出版社，2006。

人生顧問 329
一本讀通佛學與心理學──人類思想的兩種偉大智慧

作　　者──金木水
特約編輯──劉素芬
責任編輯──李雅蓁
封面設計──陳恩安
美術排版──林鳳鳳

製作總監──蘇清霖
董 事 長──趙政岷
出 版 者──時報文化出版企業股份有限公司
　　　　　　108019 台北市和平西路三段二四〇號七樓
　　　　　　發行專線─（02）2306-6842
　　　　　　讀者服務專線─0800-231-705、（02）2304-7103
　　　　　　讀者服務傳真─（02）2304-6858
　　　　　　郵撥─ 1934-4724 時報文化出版公司
　　　　　　信箱─ 10899 臺北華江橋郵局第九九信箱
時報悅讀網── http://www.readingtimes.com.tw
法律顧問─理律法律事務所 陳長文律師、李念祖律師
印　　　刷─絃億印刷有限公司
初版一刷── 2018 年 10 月 12 日
初版二刷── 2022 年 6 月 30 日
定　　　價─新台幣 320 元
（缺頁或破損的書，請寄回更換）

時報文化出版公司成立於一九七五年，
並於一九九九年股票上櫃公開發行，於二〇〇八年脫離中時集團非屬旺中，
以「尊重智慧與創意的文化事業」為信念。

一本讀通佛學與心理學：人類思想的兩種偉大智慧 / 金木水著. -- 初版.
-- 臺北市：時報文化, 2018.09
　面；　公分. -- (人生顧問；329)
ISBN 978-957-13-7552-6(平裝)

1.佛教心理學

220.14　　　　　　　　　　　　　　　　　107015838

本書簡體字版為《悉達多的心理學──對現代心理學說「不夠」》
ISBN 978-957-13-7552-6
Printed in Taiwan